Erfolgreiches Personalmanagement in China

Karl Waldkirch

Erfolgreiches Personalmanagement in China

Rekrutierung, Mitarbeiterführung, Verhandlung

3., aktualisierte und erweiterte Auflage

Karl Waldkirch
ASC – Asia Success e. k.
Neustadt, Deutschland

ISBN 978-3-658-23042-5   ISBN 978-3-658-23043-2   (eBook)
https://doi.org/10.1007/978-3-658-23043-2

Die Deutsche Nationalbibliothek verzeichnet diese Publikation in der Deutschen Nationalbibliografie; detaillierte bibliografische Daten sind im Internet über http://dnb.d-nb.de abrufbar.

Springer Gabler
© Springer Fachmedien Wiesbaden GmbH, ein Teil von Springer Nature 2009, 2015, 2018

Springer Gabler ist ein Imprint der eingetragenen Gesellschaft Springer Fachmedien Wiesbaden GmbH und ist
ein Teil von Springer Nature
Die Anschrift der Gesellschaft ist: Abraham-Lincoln-Str. 46, 65189 Wiesbaden, Germany

Vorwort

Chinas Wirtschaft hat einen beeindruckenden Wandel vollzogen. Sie hat die Kommandowirtschaft nach russischem Vorbild hinter sich gelassen und seit 1978 in einem wohl einzigartigen Transformationsprozess Marktmechanismen eingeführt. Neben den Wirtschaftsreformen auf dem Binnenmarkt öffnet China sich sukzessive regional sowie sektoral für Auslandsinvestitionen. Währenddessen überstieg die Gesamtzahl der Beschäftigten in Auslandsunternehmen die 40-Millionen-Marke.

In diesen vier Dekaden hat die Öffnungspolitik die Volksrepublik China mittlerweile zum größten Wachstumsmarkt der Weltwirtschaft gemacht. In 2010 ist China zur zweitgrößten Volkwirtschaft auf dem Globus aufgestiegen. Außerdem hat China bis zum Ende dieses Jahrtausends Deutschland als größte Ausfuhrnation überholt und ist selbst zum Exportweltmeister geworden.

Aufgrund des enormen Wachstums und der starken Investitionstätigkeit hat die Nachfrage nach geeigneten Managern zugenommen. Eine Million operative Auslandsunternehmen sind aus Personalsicht eine große Herausforderung: Mitarbeitersuche und die nachhaltige Bindung. Das Angebot des Arbeitsmarktes kann diese nicht befriedigen. In den letzten Jahren wurden monatlich an die 1000 Auslandsunternehmen gegründet. Deshalb bereitet den meisten Investoren – den mittelständischen Firmen und auch den Großunternehmen – das Thema Personalmanagement Kopfzerbrechen. Die entscheidende Frage lautet: Wie findet ein mittelständisches Unternehmen „seinen Mitarbeiter des Vertrauens". Teil I „Personalgewinnung" gibt darauf Antwort. Einen guten Manager zu finden, ist aber nur die halbe Miete. Wie man ihn langfristig an das Unternehmen binden kann, ist die andere Hälfte. Dabei spielen auch die interkulturellen Aspekte in der Zusammenarbeit zwischen chinesischen und westlichen Mitarbeitern sowie Vorgesetzten eine erhebliche Rolle. Aufgrund dieser Komplexität gibt es einige Fallstricke, die im Teil II erläutert werden. Insbesondere wird auf die Höherqualifizierung und Steigerung des Leistungsvermögens der chinesischen Mitarbeiter und Expatriates eingegangen. Außerdem werden neben der Personalfluktuation auch wesentliche Themen wie Führungsstil und Weiterbildung im In- und Ausland behandelt. In Teil III „Verhandlung" geht das Praxisbuch auf die Zusammenarbeit mit Chinesen ein.

In diesem Buch geht es vor allem darum, Erfahrungswerte und Zukunftsperspektiven aufzuzeigen. Darum wurden von 2014 bis 2018 mehr als 5000 chinesische Manager befragt, die für Aufgaben in Auslandsunternehmen verantwortlich waren. Darüber hinaus ist der unschätzbare Erfahrungsschatz eines Kundenstammes von mehr als 2000 internationalen Unternehmen in China in dieses Buch eingeflossen. In der Weiterbildung wurden diese Inhalte vor über 3000 Unternehmensvertretern vermittelt, diskutiert und hinterfragt. Durch diese breite Fächerung der Informationen einerseits von ausländischen Arbeitgebern (Auslandsinvestoren) und chinesischen sowie nicht-chinesischen Arbeitnehmern entstand ein branchenübergreifendes Bild über das Personalmanagement in China, das in diesem Buch ausführlich dargestellt wird.

Zu Dank verpflichtet bin ich dem ASC-Team in China und Deutschland, das Erhebungen und Recherchen in den unterschiedlichen Fragestellungen durchgeführt hat. Allen Mitwirkenden, Managern aus China und weltweit, danke ich für ihre wertvollen Informationen. Erst durch ihre Unterstützung konnte dieses Buch entstehen. Ganz besonders sage ich Danke zu den ranghohen Wirtschaftsvertretern Herrn Ulrich Lehner, Jochen Weyandt, Hartmut Braun und Wilhelm Wirth für deren Stellungnahme und Wertschätzung gegenüber diesem Buch.

Ich wünsche Ihnen bei der Lektüre viel Vergnügen und interessante Erkenntnisse.

Hongkong/Shanghai   Karl Waldkirch
August 2018

Inhaltsverzeichnis

Über den Autor

Dr. Karl Waldkirch studierte an den Universitäten Heidelberg und Shanghai Orientalistik und Volkswirtschaft, schloss mit Prädikatsexamen ab und promovierte in Sinologie. Schon damals führten ihn Studienaufenthalte nach China.

Zehn Jahre lang war Karl Waldkirch bei einer Investmentbank für den asiatischen, insbesondere den chinesischen Markt verantwortlich. Während dieser Zeit begleitete er sowohl mittelständische als auch Großunternehmen bei ihren China-Engagements. 2000–2002 war er Geschäftsführer eines der größten Messezentren Chinas in Shanghai.

Seit 2003 ist Karl Waldkirch selbständiger Berater und Geschäftsführer von ASC, Asia Success (mit Büros in Hong Kong und Shanghai) und unterstützt Unternehmen bei Planung und Realisierung von Projekten in Asien, besonders in China und Indien. Schwerpunkte seiner Tätigkeit sind die Personalberatung und Unterstützung beim Markteintritt (Investition, Beschaffung, Vertrieb etc.). Sein Kundenstamm von mehr als 2000 internationalen Unternehmen schätzt seine Expertise, insbesondere bei der Suche und Auswahl von geeigneten Fachkräften. Darüber hinaus hat er in den letzten Jahren mehr als 3000 Unternehmensvertreter in betriebswirtschaftlichen Fragen zu China geschult.

Abbildungsverzeichnis

Seit mehr als zehn Jahren ist das „Reich der Mitte" weltweit der größte Investitions-magnet für Unternehmen. Alleine in den letzten vier Jahren konnte China durch-schnittlich mehr als 100 Mrd. US-Dollar an Auslandsinvestitionen anziehen. Der größte Markt mit dem immensen Potential lockt auch hiesige Unternehmen an. Deutschland ist unter den Staaten der Europäischen Union bereits der bedeutendste Investor und Chinas wichtigster Handelspartner.[1]

Von den Auslandsunternehmen geht ein nachhaltiger Nachfrageimpuls nach Beschäftigung aus. Im Jahr 2018 arbeiteten mehr als 40 Mio. Arbeitnehmer in bereits wirtschaftlich tätigen Auslandsunternehmen in China. Aufgrund der starken westlichen Investitionstätigkeit wuchs in zehn Jahren die Beschäftigtenzahl um rund 42 % an (siehe Abb. 1.1).

In Relation zur gesamten städtischen Beschäftigtenzahl hat sich der Anteil auf 10 % im industriellen Bereich eingependelt. Zahlenmäßig erscheint dieser Wert eher klein und vernachlässigbar. Vor dem Hintergrund der Wirtschaftskraft dieses Arbeitsmarkt-segmentes stellt sich dies aber ganz anders dar. Einige Kennzahlen belegen das über-durchschnittliche Leistungsaufkommen: Mit knapp 5 % der gesamten Mitarbeiter werden pro Jahr ein Viertel der industriellen Wertschöpfung Chinas erwirtschaftet. Mehr als jeder zweite US-Dollar wird im Export durch Beschäftigte von Auslandsunter-nehmen verdient.[2]

Dieses Land mit kontinentalen Dimensionen kann nicht als homogener Arbeits-markt mit einer einheitlichen Mentalität verstanden werden. China als flächenmäßig drittgrößtes und gleichzeitig bevölkerungsreichstes Land auf dem Globus will gesehen

---

[1]Feng, Lei-yin (2011): German Direct Investment in China. International College. Qingdao University, Qingdao, China.

[2]Xinhua (Nachrichtenagentur): Chinese Companies abroad hire more local employees (23.11.2017).

© Springer Fachmedien Wiesbaden GmbH, ein Teil von Springer Nature 2018
K. Waldkirch, *Erfolgreiches Personalmanagement in China,*
https://doi.org/10.1007/978-3-658-23043-2_1

Jahr	Beschäftigte in Auslandsunternehmen (in Mio.)	Zuwachsrate zur Vorperiode (in %)
2005	19,0	31,9
2007	28,0	47,4
2009	34,0	21,4
2017	41,4	21,8

Abb. 1.1 Beschäftigtenzahl in Auslandsunternehmen in der Volksrepublik China. (Quelle: Statistical Yearbooks (versch. Jahrgänge), eigene Berechnungen)

werden als ein heterogener Markt, zersplittert in viele regionale Einzelmärkte. Die zentrale Botschaft dieses Buches ist, dass es „den" Chinesen nicht gibt. Es herrscht eine große Mentalitätsvielfalt im Reich der Mitte unter den Regionen, beispielsweise West-, Zentral-, Nord- und Ostchina. In Bezug auf das Personalmanagement unterscheidet sich China regional ganz deutlich. Auf diese Eigentümlichkeiten muss je nach Standort und Arbeitsplatz eingegangen werden.

Für die Auslandsunternehmen herrscht im Arbeiter- und Angestellten-Segment Vollbeschäftigung. Die Unternehmen beklagen einen akuten Arbeitskräftemangel. In den östlichen Küstenregionen von der Provinz Guangdong im Süden bis in die nördlich gelegene Provinz Shandong fehlen den Unternehmen mittlerweile mehr als 10 Mio. Arbeitskräfte. Für Auslandsunternehmen ergibt sich ein vergleichbares Bild: Sie könnten 20 bis 40 % mehr Arbeitnehmer einstellen, wären diese in der Region verfügbar.

Im Angestellten-Bereich sieht es ähnlich aus. China hat sich zum Manager-Markt entwickelt. Jeder fünfte Investor hat Probleme, seine Positionen mit lokalen Managern zu besetzen. Zu dieser Angebotslücke gibt es kein Zahlenmaterial. Experten-Schätzungen zufolge können Auslandsunternehmen bis zu einem Drittel ihrer Management-Positionen nicht dauerhaft besetzen. Gründe für diese angespannte Arbeitmarktsituation liegen unter anderem in der rechtlichen, regionalen und sektoralen Öffnung Chinas, die auf großes Marktinteresse seitens der Auslandsinvestoren stieß.

1.1 Rechtliche Rahmenbedingungen für die Öffnung des Arbeitsmarktes für Auslandsunternehmen

Vor Chinas Öffnung gab es keinen Beschäftigungsmarkt für Auslandsunternehmen. Erst als der große Architekt der Wirtschaftsreformen, Deng Xiaoping (1904–1997), den Grundstein für den investitionsrechtlichen Rahmen legte, entwickelte sich eine dynamische Nachfrage nach Arbeitskräften von Auslandsunternehmen.

Mit dem Inkrafttreten des ausländisch-chinesischen Joint-Venture -Gesetzes in 1979 war es für Auslandsinvestoren überhaupt erst rechtlich möglich, nur mit chinesischen Partnern (Gesellschaften) Unternehmen zu gründen. Im Gegensatz zu den nicht operativ tätigen Vertretungen (Representative Offices) war das Joint Venture zwar frei in der direkten Anstellung von Mitarbeitern, aber die Praxis war eine andere. Der chinesische

Partner brachte in den meisten Fällen seine Belegschaft und teilweise sogar das Management komplett ein, sodass die Auslandsinvestoren nur in den seltensten Fällen ein freies Wahlrecht hatten. Sieben Jahre später, in 1986, war der gesetzliche Rahmen für die zu 100 % im ausländischen Eigentum befindlichen Unternehmen gesetzt. Danach war es möglich, Auslandsunternehmen ohne chinesische Anteilseigner zu gründen. Somit lag die Personalgewinnung alleine in der Hand des ausländischen Managements mit einem freien Arbeitsmarktzugang. Bis 1997 wurden anteilsmäßig mehr Joint Ventures als 100 % Tochterunternehmen gegründet. Zu dieser Zeit lag die Beschäftigtenzahl in Auslandsunternehmen noch bei 3,2 Mio. Mitarbeitern.

1.2   Regionale Öffnung des Arbeitsmarktes für Auslandsunternehmen

Dem großen Strategen Deng Xiaoping war in den Nachwehen der Großen Proletarischen Kulturrevolution (1966–1976) bewusst, dass China in der internationalen Arbeitsteilung nur dann wettbewerbsfähig sein würde, wenn es als Staatshandelsland auch über Hartwährungserlöse verfügt. So beschloss die chinesische Regierung 1979 in den beiden Süd-Provinzen Fujian (Xiamen) und Guangdong (Shenzhen, Zhuhai, Shantou), erstmalig vier Sonderwirtschaftszonen (SWZ) zu errichten. Diese taktische Vorgehensweise zieht sich wie ein roter Faden durch den Reformprozess. Zuerst wird versuchsweise in einem abgegrenzten Areal ein Reformschritt durchgeführt, der dann nach erfolgreicher Durchführung in ganz China Schule macht. Ebenso wurde mit der Konvertibilität der chinesischen Volkswährung (RMB) verfahren. Zuerst wurde an den Standorten Hongkong und Macao in 2004 ausgewählten Banken der Umtausch der RMB gewährt. Da sich diese Pilotprojekte als Erfolg herausstellten, wurde dies in Taiwan (2008) auch eingeführt. Genauso strategisch verfuhr man mit der schrittweisen Öffnung Chinas für Auslandsinvestoren. Ab 1979 wurden in China nach und nach Sonderwirtschaftszonen errichtet. Diese kapitalistischen Enklaven sollten mit Steuer- und Investitionsanreizen Auslandsinvestoren anziehen, und diese sollten ihre Produkte in den Exportmärkten absetzen, aber nicht in China. Erst Ende der 1980er Jahre wurde der chinesische Binnenmarkt für den Absatz der Produkte von Auslandsunternehmen geöffnet.

In den Jahren 1979 und 1982 fokussierten sich mehr als zwei Drittel der Auslandsengagements auf diese Zonen. Dies schuf eine enorme Nachfrage nach Arbeitskräften und war die erste Öffnung des Arbeitsmarktes für Auslandsunternehmen. Der wirtschaftliche Erfolg sprach für sich. Diese Pilotprojekte machten erfolgreich Schule und deren positive Ergebnisse führten dazu, dass beginnend mit dem Jahr 1984 in den Küstenstädten an der Ostküste Auslandsinvestitionen zugelassen wurden. Damit wurde die Öffnung des Arbeitsmarktes für die Auslandsinvestoren, ausgehend von den Süd-Provinzen, nach Norden entlang der Ostküste vollzogen. Außerdem wurden Wirtschafts- und Technologiezonen (ETDZ) etabliert, um ausländisches Kapital ins Land zu locken. Der regionale Schwerpunkt lag auf den Provinzen an der Ostküste, dort wurde die Hälfte der Zonen gegründet.

Mit der Einführung der Hochtechnologiezonen (HIDZ) 1988 verfolgte die chinesische Führung das Ziel, moderne Technologie für das Land zu gewinnen. Erst Mitte der 1990er wurden die Hochtechnologiezonen allmählich auch auf andere innerchinesische Provinzen ausgedehnt.

Im Jahr 2000 stand die Entwicklung des ärmsten Teils Chinas, nämlich Westchinas, auf der Agenda der staatlichen Investitionslenkung. Diese Region umfasst 367 Mio. Einwohner in 12 Provinzen und mit 6,9 Mio. Quadratkilometern ein Territorium von 71 % des gesamten Landes. Die Zielsetzung war klar: Auf diesem Wege sollte die große Einkommensdisparität so schnell wie möglich abgebaut werden, um dort durch Auslandsinvestitionen mehr Wohlstand zu erzeugen (siehe Abb. 1.2).

Die regionale Schwerpunktsetzung auf die Ostküste löste über mehr als zwanzig Jahre einen starken Nachfrageimpuls nach chinesischen Fachkräften aus. So ist es nicht verwunderlich, dass gerade in dieser Region die Personalgewinnung schwierig ist. Aufgrund der Konzentrierung der Auslandsunternehmen auf diesen Wirtschaftsraum und des einhergehenden großen Bedarfs an Personal sind dort mit die höchsten Abwanderungsraten von Managern festzustellen, da geeignetes Personal rar ist. Dadurch, dass rund 80 % der Auslandsunternehmen dort ansässig sind, haben sich die chinesischen Arbeitskräfte im Gegensatz zu denen in Zentral- oder Westchina schneller an den anderen Führungsstil und die westliche Managementkultur gewöhnt. Der Umgang mit chinesischen Mitarbeitern in Auslandsunternehmen in Westchina muss durch einen westlichen Expatriate behutsamer erfolgen als in Ostchina, da es für sie ungewohnt ist, mit Ausländern zusammenzuarbeiten. Das Gleiche gilt für Unterschiede im Verhandlungsstil zwischen den Managern dieser Regionen.

Wirtschaftszonen	Schwerpunktregionen	Gründungs- datum
Sonderwirtschaftszonen (SWZ)	Ostküste (Guangdong/Fujian)	1979
Wirtschafts- und Technologiezonen (ETDZ)	Ostküste (Zentral- und Westchina)	1984
Hochtechnologiezonen (HIDZ)	Landesweit	1988
Freihandelszonen (FTZ)	Ostküste – Provinzen	1990
Westchina	Westchina	2000

Abb. 1.2 Chinas regionale Öffnung nach verschiedenen Zonen

1.3 Sektorale Öffnung des Arbeitsmarktes für Auslandsunternehmen

Vor Chinas Beitritt zur Welthandelsorganisation am 11. Dezember 2001 existierten in vielen Sektoren (Branchen) Beschränkungen für Auslandsinvestoren, 100 %ige Tochterunternehmen gründen zu dürfen. Das mit der Volksrepublik und der Welthandelsorganisation geschlossene Abkommen sah einen detaillierten Zeitplan vor, wie verschiedene Sektoren über eine Zeitschiene von 2002 bis 2007 geöffnet werden sollten. Danach wurden die Beschränkungen im Dienstleistungsbereich (Banken, Versicherungen und Handel) aufgehoben. Bis auf Weiteres ist es nicht gestattet, 100 %ige Auslandsunternehmen im Bereich Automobilhersteller und ausländische Versicherer zu gründen. In diesem Bereich sind nur Unternehmen mit chinesischem Partner erlaubt, an denen der Auslandsinvestor eine maximale Beteiligung in Höhe von 50 % der Gesellschaftsanteile halten darf. Im Medienbereich und im Fondswesen kann ein ausländischer Investor als Minderheitsgesellschafter nur bis 49 % der Anteile zeichnen (siehe Abb. 1.3).

Die tatsächlich gelungene Umsetzung der sektoralen Öffnung hat eine starke Liberalisierung des Arbeitsmarktes mit sich gebracht. Mit der Gründung von 100 %igen Auslandsunternehmen war deren Management frei in der Personalentscheidung, was wiederum einen großen Meilenstein für den Abbau von Beschränkungen darstellte.

1.4 Einfluss von Politik und Gewerkschaften

Die Führung der Volksrepublik China obliegt einem kleinen Kreis von Partei- und Militärfunktionären, der im Hauptquartier der Kommunistischen Partei und damit im Zentrum der Macht in Beijing residiert. Dort sind die höchsten Ämter in Staat, Partei und Armee vertreten. Die mächtigste Persönlichkeit ist die Personalunion aus Generalsekretär (höchster Parteisekretär) der Kommunistischen Partei Chinas, der Staatspräsident der Volksrepublik China und der Vorsitzende der Zentralen Militärkommission. Derzeit vereinigt Xi Jinping all diese Positionen in seiner Person.

Die Machtausübung – von der Pekinger Zentrale ausgehend – erfolgt in Gesamtchina auf Provinz-, Stadt-, Gemeinde- und auf Dorfebene üblicherweise durch lokale Parteizellen und Gewerkschaftseinheiten. Mithilfe dieser Struktur nimmt die Kommunistischen Partei der VR China Einfluss auf alle Betriebe. Auf diese Weise können Parteisekretär und Betriebsgewerkschaft – dem japanischen Vorbild ähnlich – sowohl **formell als auch informell** Einfluss auf bestimmte Betriebsabläufe nehmen. Hierzu einige Praxisbeispiele:

- Wahrnehmung von Mitspracherechten, z. B. bei Kündigungen, Arbeitssicherheit, Überstundenregelungen etc.
- Teilnahme an Sitzungen des Board of Directors (Vorstand/Gesellschafterausschuss) ohne Stimmrechte

Branche	Seit 2002	Ab 2003	Ab 2004	2005 bis 2007
Ausländische Nicht-Lebensversicherung	bis zu 51 %; beschränkt auf verschiedene Regionen	100 %; Individualversicherung von In- und Ausländern zusätzl. in Beijing, Chengdu, Chongqing und weiteren 7 Städten	Kranken-, Gruppen-, Pensions- und Rentenversicherungen von In- und Ausländern landesweit möglich	
Versicherungsmakler	keine Beschränkungen; Ausnahmen: bis zu 50 % bei Versicherung großer kommerzieller Schadenrisiken, Rückversicherungen, internationalem Transport, See- und Luftverkehr	keine Beschränkungen; Ausnahmen: bis zu 50 % bei Versicherung großer kommerzieller Schadenrisiken, Rückversicherungen, internationalem Transport, See- und Luftverkehr	in den beschränkten Bereichen bis zu 51 %	100 % in allen Bereichen
Hotels und Restaurants	Mehrheitsbeteiligung	Mehrheitsbeteiligung	100 %	
Fondsverwaltung	bis zu 33 %	bis zu 33 %	100 %	
Banken	Bankgeschäfte in Fremdwährung	Bankgeschäfte in Fremdwährung	Bankgeschäfte in RMB mit chin. Kaufleuten	Bankgeschäfte in RMB mit chin. Privatpersonen
Ausländische Lebensversicherung	bis zu 50 %	bis zu 50 %		
Automobilhersteller	bis zu 50 %	bis zu 50 %		
Medien		bis zu 49 %; beschränkt auf Kinobetriebe		
Kommissions- und Großhandel		bis zu 49 %; geografische Beschränkungen; Handel mit allen Gütern, auch importierten Gütern (außer Druckerzeugnissen, Arzneimitteln, Pestiziden)	Mehrheitsbeteiligung	100 %; Handel mit allen Waren (außer Düngemitteln, veredelten Ölen, Rohölen); lizenzfreier Import und Export von Waren
Einzelhandel	bis zu 49 %; geografische Beschränkungen	bis zu 65 %	100 %; lizenzfreier Import und Export von allen Waren	keine Beschränkungen mehr
Logistik	bis zu 50 %; beschränkt auf verschiedene Regionen	100 %; keine geografischen Beschränkungen mehr		
Reiseveranstalter und Reisebüros	bis zu 49 %; beschränkt auf verschiedene Regionen	bis zu 49 %	Mehrheitsbeteiligung	100 %; keine geografischen Beschränkungen mehr

Abb. 1.3 Überblick über die erweiterten Geschäftsmöglichkeiten für Auslandsinvestitionen in China

- Erhalt von Mitgliedsbeiträgen in Höhe von 2 % der Lohnsumme von Auslandsunternehmen, auch wenn diese keine Gewinne erzielen
- Bei einer Unternehmensübernahme (Staatsvermögen involviert) muss die Gewerkschaft gefragt werden
- Ggf. auch die Mitwirkung oder Durchführung bei Verhandlungen über Arbeitsbedingungen, Gehälter, Kündigungen etc.

Für den erfolgreichen Umgang mit Partei und Gewerkschaften auf betrieblicher Ebene gilt dies gleichermaßen:

- Frühzeitige Information an deren Repräsentanten im Unternehmen,
- Abstimmung bei anstehenden Produktionserweiterungen am Betriebsstandort,
- Starke Einbindung, meistens verbunden mit ausgeprägter Überzeugungsarbeit bei gravierenden Unternehmenseinschnitten wie Belegschaftsabbau,
- wobei die Kunst darin besteht, beide für unternehmerische Entscheidungen zu gewinnen und sie für die jeweilige Sache möglichst zu begeistern.

1.4.1   Parteieinfluss in ausländischen Unternehmen

Auslandsunternehmen sorgen sich zunehmend um den Einfluss Chinas amtierender Kommunistischen Partei auf deren Geschäftsaktivitäten und Betriebsabläufe. Außerdem wird vermehrt in den Medien darauf hingewiesen, dass die Kommunistische Partei stets versucht, ihr Mitspracherecht in hundertprozentigen ausländischen Tochterunternehmen zu stärken.

Mittlerweile sind in 70 % aller Auslandsunternehmen offiziell Parteizellen eingerichtet worden. Gab es 2011 nur 47.000 Neuzugänge, waren es im Jahre 2016 106.000 neue Parteieinheiten in ausländischen Tochterunternehmen.

Die bisherige Gesetzeslage
Für Mitarbeiter von Auslandsfirmen besteht keine Pflicht zu einer proaktiven Parteiaufbauarbeit. Laut chinesischem Firmenrecht (PRC Company Law Art. 19) ist die Einrichtung von Parteizellen in Unternehmen offiziell gestattet, sobald sich mindestens drei Parteimitglieder zur Errichtung einer Parteizelle in einem Unternehmen zusammenschließen; dies gilt für alle Unternehmen, auch für ausländische Tochterfirmen. Normalerweise gibt es in der Belegschaft einer jeden Firma einen Parteibeauftragten oder Parteisekretär. Über die interne Organisation solcher Parteikader und deren Berichtswesen existieren keine offiziellen Angaben. Auch knapp 100 Jahre nach ihrer Gründung folgt die Kommunistische Partei Chinas noch immer dem Vorbild der leninistischen Kaderpartei. Wie in der Sowjetunion werden hier die wichtigsten Positionen mit politisch intensiv geschulten und eigens ausgewählten Parteimitgliedern besetzt. Der Führungs- und Kontrollanspruch der Partei nimmt eine außerordentliche Dimensionen an.

Es ist davon auszugehen, dass es innerhalb der Partei eine strenge Hierarchie einzuhalten gibt. Demnach besitzt der Generalsekretär der VR China eine nahezu unbegrenzte Macht in seiner Pekinger Zentrale. Diese Machtfülle wird dann über das gesamte Land weiter auf die verschiedenen Administrationsebenen heruntergebrochen:

- 33 Provinzen,
- 334 Präfekturen,
- 2862 Landkreise,
- 41.034 Kommunalbezirke und
- 704.382 Dörfer.

In jeder dieser administrativen Einheiten agiert eine wie auch immer geartete Parteiorganisation. Es ist vorstellbar, dass es in diesem Hierarchienetzwerk auch Parteigruppierungen gibt, die für Auslandsunternehmen zuständig sind, d. h. für die Betriebsebenen verantwortlich sind, ähnlich wie bei der Gewerkschaftsorganisation (s. Abb. 1.4 in diesem Kapitel).

In der Geschäftspraxis mit unterschiedlichen Erfahrungswerten
Organisatorisch bedeutet dies für Auslandstöchter, Räumlichkeiten für Parteisitzungen zur Verfügung zu stellen und Mitarbeiter zur Teilnahme an Parteiaktivitäten freizustellen.
    Inwieweit es konkrete Einmischungen seitens der Partei gibt oder gegeben hat, darüber bewahren die meisten Unternehmen Stillschweigen.

Abb. 1.4 Organisationsstruktur ACFTU. (ASC Data Research 2018)

Jüngsten Berichten zufolge sollen Unternehmen mit ausländischer Investition aufgefordert werden, den Aufbau unternehmensinterner Parteiarbeit zu fördern. In einem
anderen Fall sollen die Partner in einem großen Gemeinschaftsunternehmen aufgefordert
worden sein, den Joint-Venture-Vertrag nachträglich entsprechend zu ändern.

Der Manager eines großen US-Konsumgüterherstellers sagt, seine Parteizelle habe
zuletzt ihre Aktivitäten verstärkt. So habe sie das Unternehmen dazu gedrängt, einen
neuen Standort in einem von der örtlichen Regierung geförderten Bezirk zu eröffnen.
Das Unternehmen habe dem zugestimmt. Es gibt aber auch Manager, welche die Einflussnahme der Parteiorganisationen positiv bewerten, so könnten diese bei Problemen
mit örtlichen Behörden durchaus behilflich sein.

1.4.2 Einfluss der Gewerkschaften

Chinas Gewerkschaftsbund nimmt immer größeren Einfluss. Die Umstrukturierung der
chinesischen Industrie und die stetig wachsende Zahl an ausländischen Tochtergesellschaften (FIE) sind die großen Herausforderungen des Allchinesischen Gewerkschafts-
bundes (ACFTU). Im Geist des 18. Volkskongresses sollen die Gewerkschaften weiter
gestärkt und deren Einfluss signifikant erhöht werden. Dies bedeutet in der gewerkschaftlichen Praxis mehr Konzentration auf die Privatwirtschaft, einschließlich der FIE,
bei gleichzeitiger nachhaltiger Einflussnahme auf Gesetzesnovellen.

Der chinesische Gewerkschaftsbund wurde im Jahre 1925 als Monopol-Arbeit-
nehmervertretung der Kommunistischen Partei Chinas (KPCH) gegründet. Er ist auf
verschiedenen regionalen Ebenen streng hierarchisch organisiert. Die Gewerkschaften
auf Unternehmensebene bilden die Basis. Eine solche „Betriebsgewerkschaft" wird
gesetzeskonform dann gegründet, wenn im Unternehmen mindestens 25 Gewerkschafts-
mitglieder beschäftigt sind. Die Errichtung einer Gewerkschaft auf Unternehmensebene
bedarf der Zustimmung der regionalen Gewerkschaftsorganisation (s. Abb. 1.4).

Erhöhung des gewerkschaftlichen Durchdringungsgrades wird angestrebt
Die Belegschaftsstärke der Privatwirtschaft nimmt im Vergleich zur traditionellen
Staatswirtschaft stetig zu, das bereitet den Spitzenkadern in Beijing erhebliches Kopfzerbrechen. Das zeigt sich daran, dass nahezu 80 % der rund 14 Mio. in der VR China
existierenden Unternehmen Privatunternehmen sind, die größtenteils nicht gewerkschaft-
lich organisiert sind. Selbst die schätzungsweise mehr als 38 Mio. Arbeitskräfte, welche
heute in ausländischen Tochtergesellschaften arbeiten, scheinen für die moderne chinesische Gewerkschaftsidee schwer zu gewinnen zu sein.

Flächendeckende Tarifverträge sollen jetzt Schule machen
Den Gewerkschaftsfunktionären ist die Klüngelei der Betriebsgewerkschaft mit dem
lokalen Management ein Dorn im Auge, denn aus ihrer Sicht werden zu oft Arbeit-
nehmerpositionen entweder zu weich oder überhaupt nicht vertreten. Das ist der Grund,

weshalb die Betriebsgewerkschaften bei Gehaltsauseinandersetzungen gestärkt und unternehmerfreundliche Einzellösungen unterbunden werden sollen. Hinzu kommt, dass sich die Betriebsgewerkschaften mehr um betriebliche Belange wie die Organisierung von Firmenfeiern, Betriebsausflügen, finanzieller Unterstützung für kranke Mitarbeiter sowie für deren Angehörige gekümmert haben als um die Erreichung anspruchsvoller, übergeordneter Ziele.

Erweiterter Zugriff auf die Finanzmittel der Basis
Gemäß dem Trade Union Law (1995) finanzieren sich Betriebsgewerkschaften durch Mitgliedsbeiträge und indem die Unternehmen, auch ausländische Tochtergesellschaften, 2 % der Lohn- und Gehaltssumme in die Trade Union Funds einbezahlen müssen. Zielsetzung der überregionalen Arbeitnehmervertretung ist es, mehr Kontrolle über die Funds zu bekommen, um so die lokale Betriebsgewerkschaft nur teilweise partizipieren zu lassen. Seitens der Gewerkschaften muss dies noch landesweit umgesetzt werden.

Lohndumping und Leiharbeitsfirmen stehen am Pranger
Die Novelle des Labor Contract Law wird derzeitig neu gefasst. Gemäß der Gewerkschaftslobby sollen Missstände gesetzlich unterbunden werden, so gibt es „Equal pay for equal work" in der VR China schon lange nicht mehr. Schätzungsweise ein Fünftel der städtischen Arbeitnehmer, insbesondere der Staatsunternehmen, kommen laut Aussage des Gewerkschaftsbunds aus Leiharbeitsfirmen. Dabei erhalten die sogenannten Leiharbeiter kaum ein Drittel des Stundenlohns ihrer festangestellten Kollegen. Auch die Wanderarbeiter, deren Anzahl die 100 Mio. übersteigt, die sich zu Billiglöhnen und ohne Sozialabsicherung insbesondere auf Baustellen im ganzen Land verdingen, sollen gesetzlich genauso behandelt werden wie festangestellte Arbeitnehmer.

Die Beschäftigung von Leiharbeitern und die Zusammenarbeit mit Leiharbeitsfirmen sollten für Auslandsunternehmen tabu sein. Diese „Quasi-Briefkastenfirmen", die unterfinanziert große Geschäfte auf Kosten anderer betreiben, sollen mehr unter die Lupe genommen werden. Die geringe Eigenkapitalisierung der Leiharbeitsfirmen soll sich von derzeit 1 Mio. RMB auf 2 Mio. RMB erhöhen.

Mögliche Konsequenzen für die Tätigkeit von Auslandsunternehmen
Angesichts des rasanten Tempos, mit dem in den letzten Jahren Auslandsunternehmen gegründet wurden – ca. 2000 pro Monat chinaweit –, sind die Ziele hochgesteckt. Chinas Gewerkschaftsbund strebte an, den Grad der Arbeitnehmerorganisation in diesen Unternehmen im Jahre 2013 auf 78 % erhöht zu haben. Das sind ideale Voraussetzungen für Branchen- oder Flächentarifverträge, welche dann auch für Auslandsunternehmen gelten könnten und welche die bislang bestehende Lohnautonomie auf lokaler Betriebsgewerkschaftsebene beschnitten. Aus heutiger Sicht ist die ausländische Arbeitgeberseite auf eine solche Entwicklung noch nicht eingestellt. Dazu müsste sich eine Tarifparteiver-

tretung der Arbeitgeber positionieren und sich von den Staatsfirmen der gleichen Branche oder Region abgrenzen.

Auf der Makro-Ebene würde der Gewerkschaftsbund als verlängerter Arm der Kommunistischen Partei so die Lohnzuwächse steuern. Dann würden auch zunehmend Manteltarifverträge auf ausländische Tochtergesellschaften angewendet. Der Gewerkschaftsbund würde dann nicht nur die Löhne und Gehälter thematisieren, sondern auch den allgemeinen Arbeitsrahmen wie Einstellungs- und Kündigungsbedingungen sowie Dauer des Urlaubs, Arbeitszeitregelungen, Regelungen zu Krankheit, Krankmeldung und Lohnfortzahlung, auch Zuschläge für Mehr-, Nacht- und Schichtarbeit etc. vorgeben.

Literatur

Feng, Lei-yin. 2011. *German Direct Investment in China*. International College.
Xinhua, Nachrichtenagentur. 2017. Chinese Companies abroad hire more local employees.

Teil I
Personalgewinnung

Der richtige Personalmix

Entscheidend für ein erfolgreiches Investitionsprojekt ist der richtige Personalmix. Unter Personalmix ist zu verstehen, wie hoch der Anteil an nicht-chinesischen Führungskräften in der ersten und zweiten Management-Ebene liegt. In einer Bestandsaufnahme der China-Engagements der Europäischen Union zur zahlenmäßigen Verteilung der Belegschaft auf chinesische Arbeitskräfte und Expatriates wurde ermittelt, dass nur rund 1,7 %[1] des Belegschaftsstammes dieser Auslandsunternehmen mit Ausländern in Führungspositionen besetzt sind. So fußt die Geschäftstätigkeit dieser Auslandsunternehmen zum überwiegenden Teil auf lokalen chinesischen Arbeitern und Angestellten. Bei Engagements mit mehr als 100 Beschäftigten werden in der Regel die Positionen Geschäftsführer und Leiter des Finanz- und Rechnungswesens mit deutschen oder anderen ausländischen Managern (Expatriate) besetzt. Für deren Einsatz in einem Unternehmen in China gibt es selbsterklärende Restriktionen: Ihre dauerhafte Präsenz in China ist teuer; die Entsendung kann das Stammhaus bis zu einer viertel Million Euro im Jahr kosten. Da diese Kosten im Verhältnis zum Betriebsergebnis zu sehen sind, muss der Einsatz von ausländischem Personal geprüft werden. Die entscheidende Frage ist, ob eine Unternehmungseinheit je nach ihrer Rentabilität auf Dauer einen Expatriate „verkraften" kann. Relevant sind hierbei auch die Gesamtinvestitionskosten und die Eigenmittelaufbringung (Exposure).

Die deutschen Stammhäuser neigen dazu, mindestens einen „Statthalter" vor Ort langfristig zu beschäftigen. Die klassische Position ist der Geschäftsführer oder der Controller. Idealerweise sollte der Geschäftsführer in seiner Qualifikation die technische Kompetenz (Ingenieur) und fundierte betriebswirtschaftliche Kenntnisse in sich vereinen. Gerade in der mittelständischen Automobilzuliefererindustrie wird aus Kostengründen und wegen des engen Schulterschlusses zum OEM-Kunden der technische

---

[1]European Union Chamber of Commerce in China (2005).

© Springer Fachmedien Wiesbaden GmbH, ein Teil von Springer Nature 2018
K. Waldkirch, *Erfolgreiches Personalmanagement in China,*
https://doi.org/10.1007/978-3-658-23043-2_2

Sachverstand häufig in Form eines deutschen Ingenieurs vor Ort installiert. Damit sollen etwaige Beanstandungen sachgerecht und schnellstens auf gleicher Augenhöhe behoben werden.

Da die Kosten für einen Deutschen vor Ort zu hoch sind, unterstützt er auch oft nur zeitlich befristet Projekte der chinesischen Auslandstochter. Mehr als 80 % der Investoren entsenden ihre Fachleute zur Montage und zum Produktionsstart für mehrere Monate nach China. Eine zeitlich befristete Unterstützung vom Stammhaus ist auch bei der Einrichtung des Finanz- und Rechnungswesens notwendig.

Für welche Positionen ausländische Manager vorgesehen werden, richtet sich nach der Rechtsform des Tochterunternehmens, wenn es ein ausländisch-chinesisches Gemeinschaftsunternehmen ist. Im Wesentlichen hängt es dann davon ab, ob die ausländische Seite anteilsmäßig als Minderheits- oder Mehrheitsgesellschafter beteiligt ist. Das 100 %ige Tochterunternehmen ist hingegen von deutschen Unternehmen, ohne chinesischen Partner gegründet und frei in der Stellenbesetzung.

2.1   Die 100 %ige Tochterfirma

Auf Grund der im Vergleich zu lokalen Managern hohen Kosten sind Expatriates für ausgewählte „Statthalterfunktionen" einzusetzen. Ein weiteres Kriterium ist die damit verbundene Loyalität zum Stammhaus, die so über eine weite Strecke (über 6000 km) aufrechterhalten werden soll. Eine große Rolle spielt außerdem zunehmend die mangelnde Verfügbarkeit von qualifizierten lokalen chinesischen Managern, denn diese sind am Arbeitsmarkt rar und teuer. Andere „sensible Bereiche" (siehe Abb. 2.1, in dunkelgrau) eignen sich je nach Industriemerkmalen und Brancheneigenheiten für die Besetzung von Expatriates. Europäische Unternehmen präferieren, gerade diese Bereiche durch Expatriates zu besetzen, oder durch Chinesen, die sie eigens für die Positionen ausgesucht und in ihren Stammhäusern geschult haben.

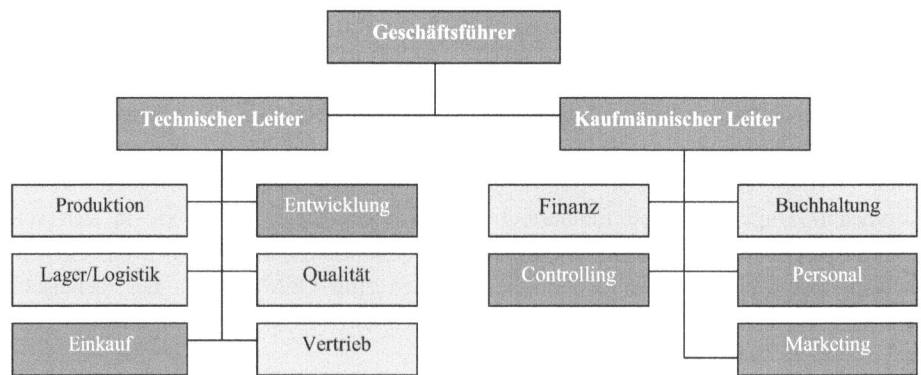

Abb. 2.1 Organigramm einer 100 %igen Tochterfirma

2.2   Das Gemeinschaftsunternehmen

Im Joint-Venture -Vertrag ist meist festgelegt, welcher Partner welche Stellen besetzen darf. Die Auswahl der Stellen orientiert sich am Beteiligungsverhältnis, nicht an der Partner- oder Kandidatenkompetenz.

Es gibt drei „chinesische" Strategien zum Unterlaufen der vertraglichen Regelungen:

1. Der Deputy General Manager (DGM) wird von der chinesischen Seite zugleich als Mitglied des Board of Directors berufen.
2. Die Gehaltsdeckelung auf sehr niedrigem Niveau ermöglicht es nicht, für die vom deutschen Partner zu besetzenden Stellen neue Mitarbeiter zu finden, weil deren Gehaltserwartungen höher liegen. Eine einseitige Subventionierung aus Deutschland für neue Mitarbeiter ist erforderlich, da die vor Genehmigung beidseitig unterschriebene Feasibility-Study die Gehälter für das lokale Management absichtlich zu niedrig angesetzt hatte.
3. Langjährige, durch den Staatsbetrieb geprägte Mitarbeiter, die gegenüber dem chinesischen Partner loyal sind, werden ins Gemeinschaftsunternehmen übernommen. Sehr oft bilden diese Mitarbeiter Seilschaften, die – vergleichbar mit einem Schattenkabinett – die Maßnahmen des westlichen Managements unterminieren.

Im Joint-Venture -Vertrag sollten daher alle drei Strategien so weit wie möglich ausgeschlossen werden. Die Übernahme von Personal sollte nicht eo ipso erfolgen, sondern anhand konkreter Fälle und Qualifikationen geprüft werden (siehe Abb. 2.2).

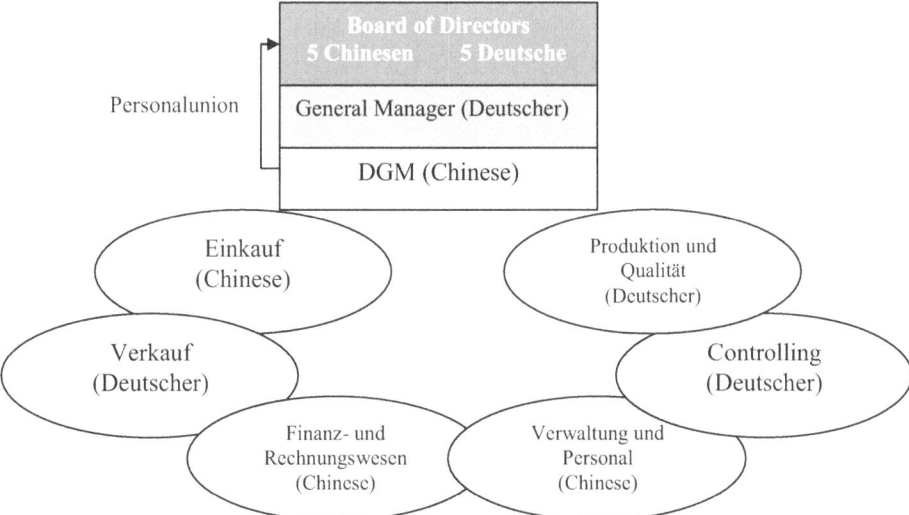

Abb. 2.2 Praxisbeispiel eines durch Gesellschafter paritätisch besetzten Joint Ventures (50 zu 50 %)

Literatur

European Union Chamber of Commerce in China. 2005. *Business confidence survey 2005.*

Überblick über verschiedene Besetzungsmöglichkeiten

Zur Besetzung von Führungspositionen, gibt es mehrere Möglichkeiten: Man kann

- einen vom Stammhaus entsandten Manager einstellen,
- einen für China rekrutierten westlichen Manager (westlicher Quereinsteiger),
- einen Chinesen, der in Deutschland studiert hat (chinesischer Rückkehrer), oder
- einen lokalen Manager.

In Abb. 3.1 werden Vor- und Nachteile, welche die einzelnen Kandidatentypen mit sich bringen, gegenübergestellt. So wird der Unterschied zwischen dem lokalen chinesischen Manager und dem chinesischen Manager, der in Deutschland studiert hat, verdeutlicht. Gerade langjährige Mitarbeiter eines Unternehmens, die nach China geschickt werden, haben den Vorteil, dass sie Kenntnisse der Produkte, der Strategie und der Entscheidungsstrukturen des Unternehmens besitzen. Sind sehr gute Chinesischkenntnisse gefragt, wird das Unternehmen wohl den lokalen Manager oder jenen Chinesen einstellen, der im Ausland studiert hat. Eigens für den Auslandseinsatz rekrutierte Manager, die bereits eine mehrjährige Berufserfahrung in China gesammelt haben, besitzen neben Führungserfahrung auch oft die dazugehörigen Branchen- und Sprachkenntnisse.

Mittelständische Unternehmen wie Großunternehmen auch müssen sich entscheiden, ob westliche Manager oder lokale chinesische Manager für Führungspositionen geeignet sind.

Gerade kleinere Unternehmen, die Stellen nicht intern aus ihrer Organisation heraus besetzen können, sind gezwungen, einen externen Quereinsteiger, also einen westlichen Manager, eigens für einen Auslandseinsatz in China zu gewinnen. Eine andere oft beschrittene Alternative, sind lokale chinesische Manager. Aufgrund der komparativen Kostenvorteile gegenüber einem Expatriate herrscht deshalb auf dem chinesischen Arbeitsmarkt ein immenser Bedarf an gut ausgebildeten chinesischen Managern.

© Springer Fachmedien Wiesbaden GmbH, ein Teil von Springer Nature 2018
K. Waldkirch, *Erfolgreiches Personalmanagement in China*,
https://doi.org/10.1007/978-3-658-23043-2_3

Wertungskriterium	vom Stammhaus entsandter Manager	für China rekrutierter westlicher Manager	Chinese, der in Deutschland studiert hat	lokaler chinesischer Manager
Bindung an das Stammhaus, Loyalität	•••	••	••	•
Produkt-Know-how, Kenntnis der Strategie des Stammhauses	•••	•	••	•
Landes- und Marktkenntnisse Chinas	•	••	••	•••
interkulturelle Kompetenz (Umgang mit chinesischen Fachkräften)	•	••	•••	•••
Chinesisch-kenntnisse	•	•	•••	•••
Wissen um die deutsche Unternehmens-struktur und deren Entscheidungs-strukturen	•••	•	•	•
Abwanderungs-neigung	•	•	•••	•••
Jährliche Gehaltssteigerung	•	•	•••	•••
Gehaltskosten	•••	••	•• •••	•

••• hoch / •• mittel / • gering

Abb. 3.1 Vor- und Nachteile verschiedener Besetzungsmöglichkeiten

Besonders in den schnell wachsenden Metropolen wie Peking, Shanghai und Kanton herrscht bei Auslandsunternehmen eine akute Knappheit an lokalen High Potentials, das heißt an Managern mit Fachkompetenz, Englischkenntnissen und Berufserfahrung in der gewünschten Branche. Im Automobilzuliefererbereich werden langfristig lokale Manager zur Qualitätssicherung herangebildet, die nach gezielter Einarbeitung den ausländischen Ingenieur ersetzen. In mehr als 90 % der Unternehmen mit Vollproduktion ist dieses Ressort in chinesischer Hand. Bei der langfristigen Planung kann der Investor nicht auf lokale Manager verzichten. Allein aus Kostengründen muss ein ausländisches Engagement gegenüber einer privaten chinesischen Firma konkurrenzfähig sein. Dies ist es aber nicht, wenn Expatriates-Gehälter die gesamten Kosten in die Höhe schnellen lassen.

Eine andere Möglichkeit, die präferiert wird, ist die Einstellung eines chinesischen Hochschulabsolventen in Deutschland mit einer Einarbeitung beispielsweise von einem Jahr im deutschen Stammhaus. Mittlerweile bildet die Volksrepublik China die größte Gruppe unter den Gaststudenten an den deutschen Universitäten.[1]

3.1 DNA-Beurteilungsprofil

Neben den gängigen und herkömmlichen Kompetenzen (fachliche, soziale etc.), die auch in anderen Ländern für die Besetzung von Positionen gefordert werden, sind insgesamt acht weitere Fähigkeiten bzw. Kenntnisse für die erfolgreiche Bewältigung einer Aufgabe in China erforderlich (siehe Abb. 3.2). Ursprünglich kommt der Begriff DNA (Desoxyribonukleinsäure) aus der Biologie, hier werden anhand des DNA-Beurteilungsprofils die Stärken und Schwächen der einzelnen Besetzungsalternativen entwickelt und der dazugehörige Schulungs- und Fortbildungsbedarf ermittelt.

Folgende Erfolgskriterien bilden die Grundlage für die Einsetzbarkeit eines Mitarbeiters in einem ausländischen Tochterunternehmen in China, seien es ein Expatriate, chinesischer Rückkehrer oder ein anderer Mitarbeiter.

- **Erfahrung in der Zusammenarbeit mit Deutschen**
  Im Zuge der Globalisierung ist die Zusammenarbeit in internationalen Teams ein Muss. Beispielsweise ist erfolgsentscheidend, ob ein chinesischer Mitarbeiter mit einem deutschen Chef oder Kollegen zusammenarbeiten kann.
- **Kenntnis der chinesischen Arbeitsabläufe in Unternehmen und Behörden**
  Arbeitgeber und Arbeitssitz befinden sich in China. Kunden und Lieferanten sind größtenteils chinesische Firmen. Auch die behördlichen Anbindungen (Steuer-, Zollbehörden etc.) können einem vom Stammhaus entsandten Manager das Leben schwer machen. So ist es abzusehen, dass in dieser Hinsicht mangelnde Kenntnisse sowie geringe Lernfähigkeit bei der Ausübung einer Tätigkeit in China zum Misserfolg führen.
- **Interkulturelle Kompetenz/Landes- und MarktkenntnisseChina**
  Das Sich-hinein-versetzen in das chinesische Gegenüber, vertraut sein mit den chinesischen Sitten und Gebräuchen, keinen Faux-pas zu begehen und die Business-Etikette zu beherrschen – all das wird hier als interkulturelle Kompetenz verstanden. In diesem Zusammenhang sind Landes- und Marktkenntnisse Chinas von Bedeutung, beispielsweise von einem bestimmten Sektor oder einer Branche.
- **Englischkenntnisse**
  Kenntnisse in dieser Weltsprache zu haben, ist die Grundvoraussetzung, um mit den internationalen oder deutschen Kollegen oder auch in einer weltumspannenden Matrixorganisation kommunizieren zu können. Dies gilt für Entsandte, die in China

---

[1]Brux (2012); Vgl. ExpatNews (2014).

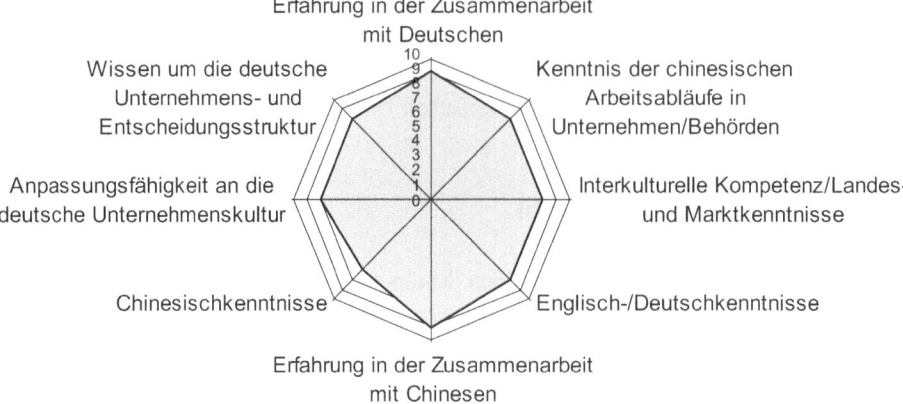

Abb. 3.2 Diagramm des DNA-Beurteilungsprofils

arbeiten und nur Deutsch sprechen, und für nur Mandarin sprechende lokale Manager gleichermaßen. Ohne fließendes Englisch ist das Scheitern vorprogrammiert.

- **Erfahrung in der Zusammenarbeit mit Chinesen**
  Die Belegschaft eines Gemeinschaftsunternehmens oder eines 100 %igen Tochter-unternehmens besteht vorwiegend aus chinesischen Managern und Arbeitern. Hier ist es entscheidend, mit chinesischen Kollegen zusammenarbeiten zu können und gegebenenfalls auch als Vorgesetzter zu führen will gelernt sein. Außerdem spielt diese Fähigkeit auch bei chinesischen Kooperationspartnern etc. eine gewichtige Rolle.

- **Anpassungsfähigkeitan die deutsche Unternehmenskultur**
  Bei Quereinsteigern oder auch chinesischen Rückkehrer, chinesischer, die beide den deutschen Arbeitgeber nicht kennen, entscheiden Probezeit oder die ersten 100 Tage, ob sie sich an die bestehende Unternehmenskultur anpassen können. Vielen Neuein-steigern wird gekündigt, weil sie sich nicht schnell genug auf die Struktur des Arbeit-gebers einstellen konnten.

- **Chinesischkenntnisse**
  Will man als Manager der chinesischen Dimension – bezüglich der Arbeitswelt – gerecht werden, gehören chinesische Sprachkenntnisse dazu. Verhandlungen und Ver-träge mit Banken, Behörden und Geschäftspartnern sind oft in Chinesisch. Um sich in China zu bewegen, wo alle Straßenschilder chinesische Schriftzeichen tragen, sind Sprachkenntnisse dringend notwendig. Beispielsweise ist das Risiko, dass ein aus-ländisches Paar den Chinaeinsatz abbricht, wesentlich geringer, wenn es Grundkennt-nisse in Chinesisch besitzt.

- **Wissen um die deutsche Unternehmens- und Entscheidungsstruktur**
  Wie ein deutsches Unternehmen von seinen Abläufen her arbeitet, ist für eine dauer-hafte Tätigkeit wichtig zu wissen. Gerade den deutschen Arbeitgeber zu kennen, für den der Manager in China vor Ort arbeitet, ist von unschätzbarem Vorteil für die erfolgreiche Ausübung einer leitenden Funktion.

Die Skalierung der acht Fähigkeiten und Eigenschaften, die ein Manager erfüllen soll – ob chinesischer Rückkehrer oder vom Stammhaus entsandter Manager etc. – basiert auf einem Netzdiagramm. Die Skala geht von 0 (=Fähigkeit nicht vorhanden) bis 10 (=maximale Erreichbarkeit).

Das idealtypische Beurteilungsprofil ist durch die Flächenabdeckung aller acht Felder gekennzeichnet. Dies bedeutet, dass der Kandidat die Fähigkeiten zur Bewältigung einer Aufgabe in China mitbringt. Diese Messlatte muss an die jeweilige Besetzungsalternative angesetzt werden. Es muss auch bedacht werden, inwieweit dieses Benchmark durch die Einarbeitung oder Training erreicht werden kann. Eine Analyse kann bereits Aufschluss darüber geben, wie realistisch das Erreichen eines solchen idealtypischen Beurteilungsprofils für einen potenziellen Kandidaten ist.

3.2 Expatriate

Nach offiziellen Verlautbarungen der Volkrepublik China betrug die Zahl der nicht-chinesischen Arbeitskräfte mit ausländischem Pass (ohne nicht arbeitenden Familienanhang) in China im Jahr 2005 rund 333.000. Die größte Gruppe stellten die Japaner mit ca. 30 %, gefolgt von Amerikanern (17 %), Südkoreanern (11 %) und Deutschen (7 %). Diese Zahlen umfassten sowohl Entsandte als auch Quereinsteiger, die eigens für die Tätigkeit in China rekrutiert wurden.

In der neuesten, offiziellen Erhebung (01.11.2014) wurden in China insgesamt 592.832 Expatriates registriert.

Danach nehmen die Südkoreaner Platz Nr. 1 unter den 10 wichtigsten Ursprungsnationen ein, die USA konnten zahlenmäßig ihre Stellung behaupten. Japan wurde auf Platz drei verdrängt (Abb. 3.3).

Abb. 3.3 Die Top 10 Expariates-Nationen in China. (Quelle: Zhang 2011)

Rang	Land	Zahl der Expatriates
1	Südkorea	120.750
2	Vereinigte Staaten	71.493
3	Japan	66.159
4	Myanmar	39.776
5	Vietnam	36.205
6	Kanada	19.990
7	Frankreich	15.087
8	Indien	15.051
9	Deutschland	14.446
10	Australien	13.286

3.2.1 Entsandter aus dem Stammhaus

Bei dem vom deutschen Stammhaus entsandten Manager (siehe Abb. 3.4) handelt es sich um einen langjährigen Mitarbeiter, der seinen Arbeitgeber und dessen Produkte sehr gut kennt. Entscheidungsabläufe innerbetrieblicher Art sind ihm geläufig. Aufgrund fachlicher Kompetenz hat man ihn für eine Tätigkeit in China vorgesehen.

Für die chinesische Arbeitswelt bringt er keine Vorkenntnisse mit. Fortbildungsbedarf besteht nicht nur im Aufbau von chinesischen Sprachkenntnissen, sondern auch in der Führung von chinesischen Mitarbeitern. Ein professionelles Training umfasst eine maßgeschneiderte Vorbereitung auf die konkrete Position in China, das heißt zum Beispiel, auf was zu achten ist, wenn man in China Qualitätsverantwortlicher ist. Die Entsendung eines deutschen „Qualitäters" nach China ist in der ersten Phase einem Schweizer Stammhaus teuer zu stehen gekommen. Folgende Panne ereignete sich: Die Endabnahme nach Fertigung sichtete einen Ausschuss von über 30 % weil die Taschenmesser keine glatte Oberfläche hatten, sondern bei der Kunststoffmontage beschädigt worden waren. In China wurde bis 1978 die Qualität „stiefmütterlich" behandelt. Auch heute noch ist das mangelnde Qualitätsbewusstsein in vielen Landesteilen und Industrien ein Relikt der Kommando- sowie Planwirtschaft. So darf in China wegen der Qualitätsdefizite nicht bis auf das Endprodukt gewartet werden, bis es förmlich „in den Brunnen fällt", sondern die Qualitätsabnahme muss vor jedem nächsten Produktionsschritt prozessorientiert vorgenommen werden. Der vom Westen kommende „Qualitäter" hat sich nicht auf China eingestellt und kennt die dortige Qualitätsabwicklung sowie die zu treffenden Gegenmaßnahmen nicht.

Diese Fallstricke gibt es auch in anderen Bereichen wie Einkauf , Vertrieb, F&E etc. Deshalb ist eine umfassende Management-Vorbereitung vor dem bevorstehenden Einsatz in China sinnvoll. Interkulturelles Training allein reicht für eine Entsendung nach China nicht aus, vielmehr ist eine professionelle Management-Vorbereitung, die konkret auf den zukünftigen Aufgabenbereich zugeschnitten ist, erfolgsentscheidend.

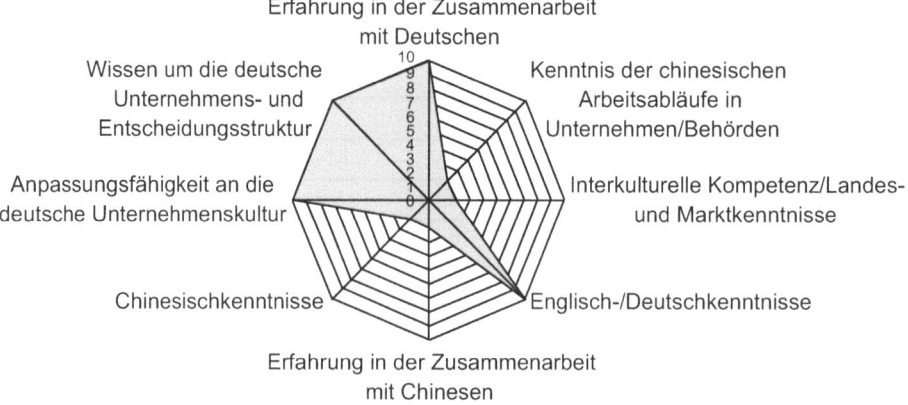

Abb. 3.4 DNA-Beurteilungsprofil des Entsandten aus dem Stammhaus

Anhand von zwei konkret zu besetzenden Funktionen in China, des Geschäftsführers und des CFO, werden nachfolgend jeweils ein Vorbereitungsprogramm erläutert und die Vorzüge eines professionellen Managementtrainings gegenüber der ausschließlichen interkulturellen Vorbereitung abgewogen.

3.2.2   Interkulturelles Training vs. professionelle Management-Vorbereitung

Vorstände und Personalverantwortliche bemängeln häufig die lange Einarbeitungszeit der nach China entsandten Manager ihres Stammhauses. Sie hätten zwar den interkulturellen Schliff, wären aber auf die „chinesische" Herausforderung ihres zukünftigen Arbeitsgebietes nicht richtig vorbereitet worden. Dies bedauern auch viele Führungskräfte europäischer Firmen vor Ort, die nicht ausreichend vorbereitet wurden.

Inhalte der Management-Vorbereitung Die Management-Vorbereitung vereinigt das rein interkulturelle Training mit den chinesischen Marktbesonderheiten hinsichtlich betriebswirtschaftlicher, rechtlicher sowie wirtschaftlicher Schwerpunkte, die praxisnah vermittelt werden. Sie ist sozusagen eine Schnittmenge aus beidem (siehe Abb. 3.5). Inhaltlich geht es also nicht darum, einem Einkäufer beizubringen, wie er weltweit für sein Unternehmen beschafft. Ziel ist es zu erläutern, welche Stolpersteine bei Einkaufsaktivitäten in China auftreten können und welche Markteigenheiten damit verbunden sind. Diese Kenntnisse sollten vor Aufnahme der Sourcing-Aktivitäten vermittelt werden.

Wesentliche Auswahlkriterien für Anbieter sind das auf die Funktion und den Kandidaten zugeschnittene Konzept und der Trainer, der selbst in vergleichbarer Managementverantwortung (Geschäftsführung, Einkäufer etc.) gearbeitet haben sollte, damit er weiß, wovon er spricht.

Ein integraler Bestandteil bleibt das Chinesisch-Lernen. Eine Management-Vorbereitung sollte immer auch einen Sprachkurs für die chinesische Hochsprache Mandarin beinhalten. Es ist sinnvoll, kurz vor Aufnahme der Tätigkeit ein Intensivtraining mit einer Dauer von 6 bis 10 Wochen zu absolvieren. Bereits bei Beginn der Tätigkeit in China soll dann Privatunterricht jeweils zwei Stunden pro Woche mit Langzeitwirkung folgen.

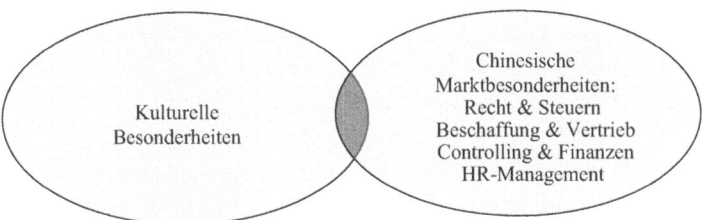

Abb. 3.5 Themenschwerpunkte der Managementvorbereitung

Zum Erfolg eines Arbeitsaufenthaltes in China trägt der Lebenspartner bei, der sich in China wohl fühlen soll. Ein Training für den Lebenspartner und ein Look-and-see-Trip zur Erstorientierung vor Ort sind hierbei empfehlenswert.

Eine professionelle Management-Vorbereitung hat positive Auswirkungen auf die Entsendung von Mitarbeitern nach China, sie verringert z. B. das Abbruchrisiko. Bei jedem Dritten bis Vierten, dessen Einsatzort beispielsweise außerhalb der Regionen Pekings, Shanghais und Kantons liegt, wird die Entsendungszeit verkürzt. Folgende positive Effekte können mit einer durchdachten Schulungsmaßnahme erzielt werden:

- **Verringerung der Einarbeitungszeit**
  Experten bemessen die Einarbeitungsdauer in China nach Dienstantritt auf 18 bis 24 Monate. Diese Zeit wird durch gezielte Vorbereitung merklich auf 6 bis 8 Monate verkürzt.
- **Erhöhung der Arbeitsproduktivität**
  Die Fehlerquote bei Neueinsteigern, die gerade ihre Zelte in China aufgeschlagen haben, ist sehr hoch. Durch gezielte Vorbereitung auf das zukünftige Einsatzfeld kann die diesbezügliche Arbeitseffizienz stark erhöht werden. Fehlerpotenziale werden verringert und die Sensibilität für etwaige Spannungsfelder erhöht sich.

Die beiden nachfolgenden Beispiele verdeutlichen die Bedeutung chinesischer Marktbesonderheiten, die sich von den unsrigen unterscheiden. Anschließend wird für die jeweilige Funktion ein maßgeschneidertes Management-Vorbereitungsprogramm vorgestellt.

Fallbeispiel 1

Herr Müller, Prokurist eines mittelständischen Unternehmens, wurde von seiner Geschäftszentrale in Dortmund nach China beordert. Er sollte als Geschäftsführer in Wuxi, nahe Shanghai, die bereits eingeleiteten Gründungsformalitäten für die Tochtergesellschaft beenden, um das Unternehmen aufzubauen. Der unterschriebene Gesellschaftervertrag sah vor: Das chinesische Unternehmen bringt Land und Gebäude, der deutsche Partner Know-how und Bargeld ein.

Bei Aufnahme der lokalen Finanzierung in chinesischer Währung (RMB) stieß der deutsche Geschäftsführer Müller auf für ihn unerklärbare Schwierigkeiten. Trotz des vom chinesischen Partner eingebrachten Landes als dingliches Besicherungsinstrument wollte die chinesische Bank den Kredit nicht ausbezahlen, wobei die Filiale ihm auch nicht klar sagte, worin das Problem eigentlich bestand. Nach mehrmonatigem Hin und Her stellte Herr Müller fest, dass das Land nicht hypothekarisch belastet werden kann, weil das Land nicht beleihungsfähig ist.

Im „Arbeiter- und Bauernstaat" China gibt es bislang kein Eigentum an Land und Gebäuden. Übergangsweise richtete man etwas unserer Erbpacht Entsprechendes ein: die Land-use-rights – Landnutzungsrechte. Danach gibt es Land, das „granted", d. h. übertragbar, also beleihungsfähig ist, und Land, das „allocated", d. h. nicht beleihungsfähig ist.

Durch eine maßgeschneiderte Management-Vorbereitung wäre Herr Müller auf diese Unterschiede und deren Erkennung vorbereitet worden. Das Ergebnis war, dass die Gesellschafter den Kredit gemäß ihrer Stammkapitalshöhe (pro rata) mit zusätzlichem Kapital garantieren mussten (Abb. 3.6).

Fallbeispiel 2

Herr Schmidt wurde als Leiter Finanzen und Rechnungswesen nach Nanjing entsandt, um dort diese Ressorts für mehrere Tochterunternehmen federführend zu übernehmen. Der Vorstand hielt auf ihn große Stücke, da er vergleichbare Tätigkeiten in den Vereinigten Staaten und im osteuropäischen Raum gemeistert hatte. Doch Herr Schmidt tat sich in seiner neuen Tätigkeit sehr schwer und es unterliefen ihm einige Fehler, die das Unternehmen viel Geld gekostet haben.

Auf Drängen eines inländischen Roh-, Hilfs- und Betriebsstofflieferanten, der wiederum seine Waren aus dem Ausland importierte, wies er eine hohe Millionen-Summe in US-Dollar an. Das Ergebnis war: Chinas staatliche Verwaltungsbehörde für Devisen stattete ihm einen Besuch ab und bestrafte das Unternehmen mit einer hohen Geldstrafe, denn in China ist eine Fakturierung nur in chinesischer Lokalwährung möglich.

Außerdem bescheinigte ihm der Wirtschaftsprüfer einen riesigen Gewinn, obwohl in der Anfangsphase nur mit dem Ein- und Verkauf von Handelsware Geschäfte gemacht worden war. Die Liquidität für die Zahlung von Fertigwaren war abgeflossen. Doch der deutsche CFO hatte keine steuerrechtlich einwandfreie „Fapiao" (chinesische Steuerrechnungen) beispielsweise von seinen Lieferanten verlangt. Die Folge war, sämtliche Buchungsvorgänge waren null und nichtig. Buchhalterisch konnten nahezu keine Kosten erfasst werden. Das Stammhaus musste ihn unverrichteter Dinge sofort zurückbeordern.

Managementtraining für einen Geschäftsführer	
Zeitplan	Themen
Tag 1	Chinas Geschichte, Politik und Wirtschaft

Tag 2	• Personalführung und management
	• Umgang und Kontaktpflege mit
	  – Geschäftspartnern und Kooperationspartnern
	  – Gewerkschaft und Parteisekretär
	  – Behörden
	  – Chinesische Banken

Tag 3	• Verhandlungsführung • Chinesische Verhandlungstaktiken • Erfolgsfaktoren bei der Verhandlungsführung
Tag 4	• Rechtliche Rahmenbedingungen für Direktinvestitionen • Wesentliche Informationen zum Steuerrecht China
Tag 5	• Investition und Finanzierung • Rechnungswesen und Controlling
Tag 6	• Beschaffung • Vertrieb
Tag 7	Interkulturelles Training

Abb. 3.6 Management-Training für einen Geschäftsführer

Das Beispiel zeigt, wie wesentlich das spezifische chinesische Rechnungswesen-Know-how ist. Eine marktgerechte Vorbereitung hätte ihm viele Probleme erspart und seine Einarbeitungszeit verkürzt (Abb. 3.7).

Die beiden Schulungsbeispiele zeigen, wie maßgeschneidert ein für eine Aufgabe in China bestimmter Manager vorbereitet werden sollte. Auch ein absolvierter Sprachkurs in Deutschland und China kann die Qualifikation insgesamt verbessern. Der Kandidat ist nun sensibilisiert für die Arbeitsweise in chinesischen Behörden und Unternehmen. In der Zusammenarbeit mit chinesischen Kollegen und mit Geschäftspartnern weiß er, worauf zu achten ist und wie er diese für sein Ziel zu gewinnen vermag (Abb. 3.8).

Viele erfahrene Unternehmen decken ihren Führungsnachwuchs für China frühzeitig durch Hochschulabsolventen von kombinierten Studiengängen (BWL/Sinologie) (Abb. 3.9).

Diese Variante ist dann erfolgversprechend, wenn der Hochschulabsolvent fließend Chinesisch spricht und fundierte betriebswirtschaftliche Kenntnisse aufweist.

3.2.3 Westlicher Quereinsteiger

Der westliche Quereinsteiger hat bereits mehrere Jahre in China gearbeitet. Viele Manager waren ursprünglich Entsandte und sind durch chinesischen Familienanschluss in China langfristig tätig geblieben. Sie haben sich örtliche Sprachkenntnisse angeeignet und über viele Jahre Erfahrung im Umgang mit Behörden, Kooperationspartnern und Finanzierungsinstituten.

Managementtraining für einen Leiter Finanzen und Rechnungswesen

Zeitplan	Themen
Tag 1	Chinas Geschichte, Politik und Wirtschaft
Tag 2	• Überblick über die Rechnungslegung in China
	• Vergleich mit den Rechnungslegungssystemen HGB, IAS, IFRS, GAAP
	• Das Fundament der Rechnungslegung
	• Jahresabschluss (chinesische Spezifika)
	• Prüfungs- und Publizitätspflichten
	• Bedeutung des Siegels
	• Chinesische Bilanzen
	• Umgang mit den Steuer- und Finanzbehörden
Tag 3	Reporting-Systeme:
	• Implementierung für die interne Steuerung und für die Steuerung des chinesischen Tochterunternehmens
	• Monats- und Quartalsberichtswesen
	• Einbezug des chinesischen Abschlusses in den Konzernabschluss
	• Überleitung Handelsbilanz II
	• Harmonisierung nach HGB/IAS/IFRS/US GAAP
Tag 4	Interkulturelles Training

Abb. 3.7 Management-Training für einen Leiter Finanzen und Rechnungswesen

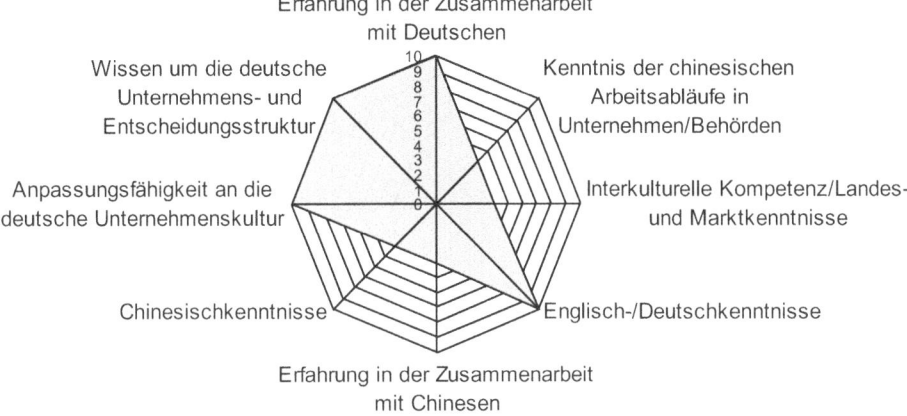

Abb. 3.8 Verbesserung des DNA-Beurteilungsprofils nach professionellem Management-Training

Universität	Studiengang
Uni Bochum	· B.A. Wirtschaft und Politik Ostasiens, · M.A. Wirtschaft Ostasiens, · B.A. Koreanistik, B.A. Sinologie, B.A. Japanologie
Uni Duisburg/Essen	· M.A. Contemporary East Asian Studies, · Ostasienwirtschaft
Uni Halle-Wittenberg	· LL.M.oec.int. Internationales Wirtschaftsrecht
Uni Hamburg	· B.A. Internationaler Studiengang Ostasien
HTWG Konstanz	· B.A. Wirtschaftssprachen Asien und Management, · M.A. Asian-European Relations and Management
FH Ludwigshafen	· B.Sc. International Business Management (East Asia)
Uni Passau	· B.A. Kulturwirtschaft/International Cultural and Business Studies · M.A. Southeast Asian Studies · Fachspezifische Fremdsprachenausbildung als Zusatzqualifikation

Abb. 3.9 Studiengänge, die auf China vorbereiten

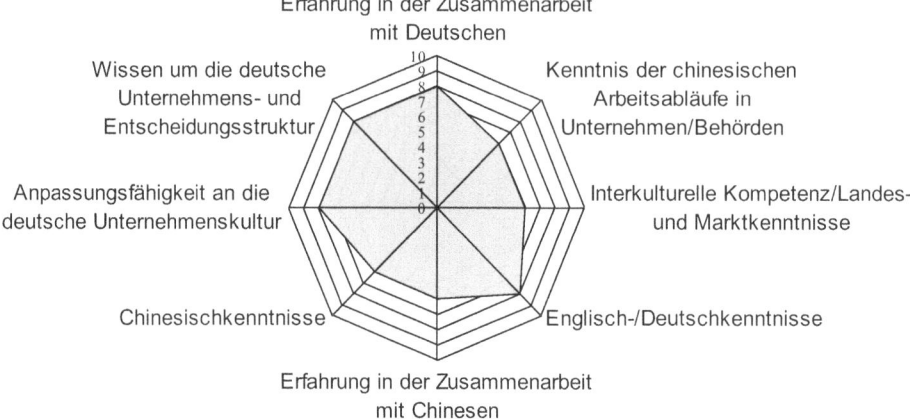

Abb. 3.10 DNA-Beurteilungsprofil des westlichen Quereinsteigers

Eine Förderung ist für diesen Expatriate in folgenden Bereichen sinnvoll:

- mehrmonatige Einarbeitungsphase im deutschen Stammhaus,
- kennenlernen der fachlichen und disziplinarischen Vorgesetzten sowie relevanten Ansprechpartner,
- Aneignung von Kenntnissen hinsichtlich der Unternehmensphilosophie, der Produkte und der China-Strategie des Arbeitgebers (Abb. 3.10).

3.3 Chinesischer Rückkehrer

Die chinesischen Rückkehrer lassen sich in zwei Gruppen teilen:

Gruppe 1 sind die Auslandschinesen (Festland, Taiwan, Hongkong etc.), die über Generationen außerhalb Chinas leben.

Gruppe 2 sind die Chinesen, die zum Studium ins Ausland gegangen sind. Nach erfolgreichem Examen werden sie in einem europäischen Unternehmen, also außerhalb Chinas, eingearbeitet, mit dem Ziel, in einem Tochterunternehmen in China zu arbeiten.

3.3.1 Auslandschinesen

Insgesamt leben außerhalb Chinas weltweit schätzungsweise 60 Mio. Auslandschinesen. Eine beträchtliche Anzahl dieser Übersee-Chinesen haben Chinas Aufschwung zum Anlass genommen, um sich dort niederzulassen. Größtenteils haben sie eine Hochschulausbildung vorzuweisen. Sprachkenntnisse in Mandarin sind zu überprüfen. Nicht in jedem Fall ist ein Auslandschinese der chinesischen Schrift und Sprache mächtig (Abb. 3.11).

Land	Chinesischstämmige Bevölkerung	Rang
Indonesien	7.000.000	1
Thailand	7.000.000	2
Malaysia	6.400.000	3
Vereinigte Staaten	3.800.000	4
Singapur	3.600.000	5
Peru	1.300.000	6
Kanada	1.300.000	7
Vietnam	1.300.000	8
Philippinen	1.200.000	9
Burma	1.100.000	10
Russland	1.000.000	11
Kambodscha	800.000	12
Japan	700.000	13
Australien	700.000	14
Südkorea	700.000	15
Vereinigtes Königreich	500.000	16
Südafrika	400.000	17
Brasilien	200.000	18
Italien	200.000	19
Frankreich	200.000	20

Abb. 3.11 Länder mit der größten Anzahl an Auslandchinesen (in Millionen) 2014. (Quelle: Statista 2018)

Das DNA-Beurteilungsprofil des Auslandschinesen (siehe Abb. 3.12) zeigt ganz deutlich, welche Stärken und Schwächen er gegenüber den anderen Besetzungsalternativen aus der Sicht eines Arbeitgebers vorzuweisen hat.

Im Gegensatz zu einem Entsandten aus dem Stammhaus oder einem westlichen Quereinsteiger ist dem Auslandschinesen zu unterstellen, dass er die deutsche Mentalität und die Abläufe in einem deutschen Unternehmen nicht so gut kennt. Auch Sprachkenntnisse in Deutsch müssen nicht vorhanden sein, eher sind die Englischkenntnisse ausgezeichnet. Gegenüber dem Rückkehrer, der in Deutschland studiert hat, hat er den Nachteil, dass eine Einarbeitung in Deutschland zwar Erfolge zeichnen wird, diese aber nicht so ausgeprägt sind wie bei dem aus Deutschland zurückkehrenden Chinesen. Es ist dabei anzustreben, dass seine fachliche Kompetenz und seine Berufserfahrung höher zu bewerten sind, als die seines aus Deutschland kommenden Kollegen.

In jedem Fall muss ein so erfahrener Manager im Stammhaus mindestens ein halbes Jahr intensiv geschult werden, sodass dieser dann den „Stallgeruch" des Stammhauses annimmt, um sich mit den deutschen Prozessen vertraut zu machen. Durch die mehrjährige Abwesenheit von China sind die Kenntnisse über das Funktionieren der chinesischen Wirtschaft, auch vor dem Hintergrund der sich schnell verändernden chinesischen Rahmenbedingungen, nur noch teilweise vorhanden, können aber bei Aufnahme der Tätigkeit in China sofort aufgefrischt werden (Abb. 3.13).

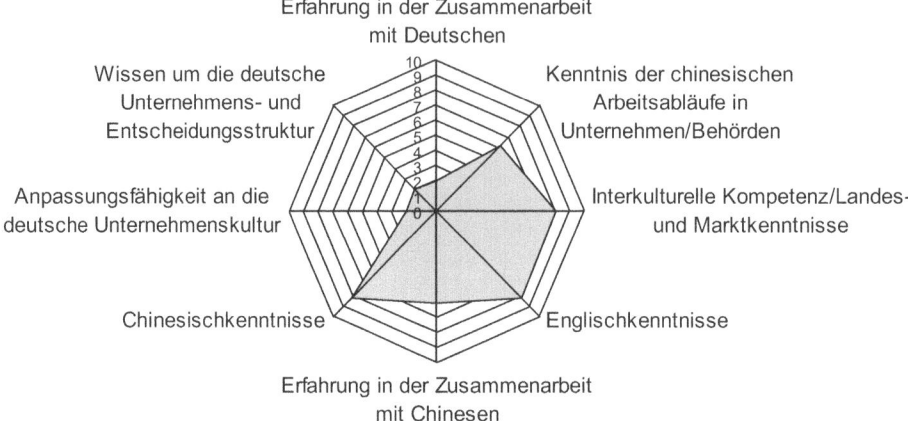

Abb. 3.12 DNA-Beurteilungsprofil des Auslandschinesen

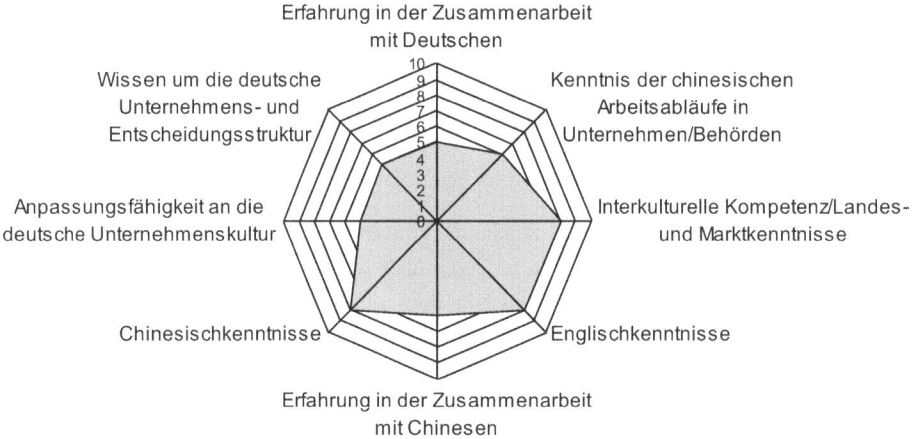

Abb. 3.13 DNA-Beurteilungsprofil des Auslandschinesen nach maßgeschneiderter Einarbeitung

3.3.2 Auslandsstudenten aus der Volksrepublik China

Der Anteil an Studenten, die aus dem Ausland an deutschen Universitäten studieren, ist auf 12,8 % mit insgesamt 358.895 von knapp 2,8 Mio. Studenten gestiegen.

Die größte Gruppe von Auslandsstudenten an deutschen Universitäten stellt die Türkei. Noch vor Russland, Indien und China sind 38.309 türkische Gaststudenten an deutschen Universitäten immatrikuliert.

Im Winter- bzw. Sommersemester 2015/2016 stieg auch die Zahl ausländischer Absolventen an deutschen Hochschulen. Zu diesem Zeitpunkt haben in Deutschland 49.112 Ausländer ihr Studium beendet, dies waren 2678 Studenten mehr als im vorhergehenden Prüfungsjahr.

- Jeder zehnte Absolvent kam aus **China.** Mit rund 3800 Absolventen stellen Chinesen damit die zweit größte Gruppe nach der Türkei.
- An dritter Stelle stehen Absolventen mit **indischem Pass**: Sie machen mehr als vier Prozent der Hochschulabgänger aus.
- Auf Platz vier landen Studenten mit **russischem Pass** bei rund vier Prozent (rund 15.000) der ausländischen Absolventen.

Beispiel

Die Einstellung eines Absolventen zeigt oft, dass der persönliche Kontakt des Unternehmens zum chinesischen Mitarbeiter erfolgsentscheidend ist. Dies offenbart folgendes Beispiel eines mittelständischen Unternehmens aus Mönchengladbach. Der Mittelständler baute gleich zu Beginn persönlichen Kontakt zur chinesischen Führungskraft auf, indem das Familienoberhaupt, sozusagen der Patriarch der Firma, den Mitarbeiter unter seine Fittiche nahm. Das dem chinesischen Kollegen entgegengebrachte Vertrauen und die Aus- sowie Fortbildungsmaßnahmen binden ihn an sein deutsches Stammhaus (Abb. 3.14).

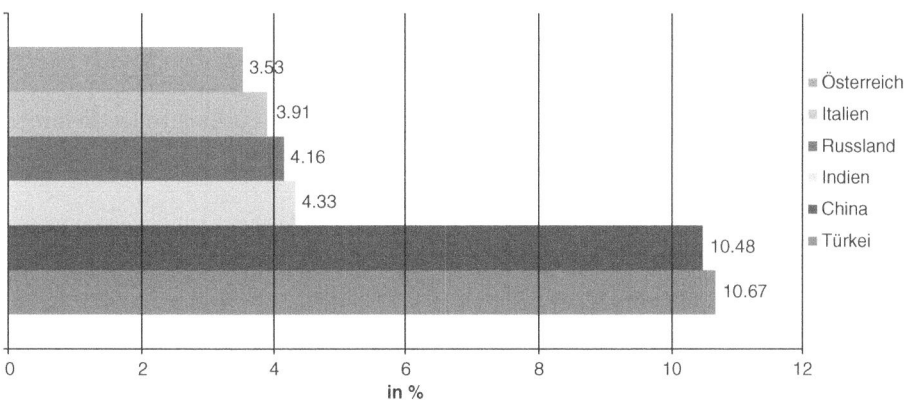

Abb. 3.14 Die Top 6 der Herkunftsländer ausländischer Studenten in Deutschland (2018). (Quelle: vgl. Statista 2018)

Werden chinesische Studenten, die an deutschen Hochschulen eine Ausbildung genossen haben, für eine Position in China eingestellt, ist auf Folgendes zu achten:

- Die meisten Personalabteilungen nehmen an, dass die in Deutschland studierten Chinesen mit einem lokalen Gehalt in China zufrieden gestellt werden können. Die Erfahrung belehrt sie eines Besseren: In 6 von 10 Fällen geht ein Chinese, der zuerst einen deutschen Arbeitsvertrag hat, bei einem zukünftigen Einsatz in China von einer Entsendung bzw. einem „expat package" aus.
- Die in Deutschland studierenden und arbeitenden Chinesen verlieren oft nach langjähriger Abwesenheit ihre Netzwerke in China, das heißt, dieser komparative Vorteil geht mit der Zeit verloren.
- Der Einsatz eines Chinesen ist meistens nur in der Region sinnvoll, in der er über entsprechende Kontakte verfügt.
- Für Chinesen ist es schwierig, sich nach langjähriger Tätigkeit in Europa wieder in China zurechtzufinden, denn viele wissen nicht mehr, wie das Geschäftsleben dort funktioniert.
- Der Einstieg in ein deutsches Unternehmen wird oft als Rückfahrkarte oder als Sprungbrett in die Heimat gesehen. Hier ist zu prüfen, ob der Einzustellende am Standort des Arbeitsgebers Familienbande vorfindet, ob er dorthin seinen Lebensmittelpunkt verlegen wird oder wie weit entfernt der chinesische Firmensitz zu seinen Familienmitgliedern liegt.
- Chinesen aus Deutschland stellen zwar geringere Gehaltsforderungen als „normale" Expatriates, erwarten dagegen aber oft zusätzliche Leistungen, Mietzuschüsse oder Wegegeld.
- Die Chinesen, die im Ausland studiert haben, fallen nach ihrer Rückkehr in das Reich der Mitte oft in ihr altes Rollenverständnis zurück. Beispielsweise ordnen sie sich gestandenen Hierarchien des chinesischen Partners oder dessen Seniorität und Hierarchie wieder unter.
- In Zweifelsfällen sollte von der Personalseite oder durch einen externen Berater geprüft werden, ob Indizien für zukünftige Konkurrenzausspähung oder Industriespionage vorhanden sind.

Dieser Rekrutierungspraxis steht die Neigung chinesischer Auslandsstudenten entgegen, lieber im Gastland Arbeit zu suchen, als nach China zurückzukehren: In 2015 sind weltweit 409.100 aller chinesischen Studenten zur Arbeitsaufnahme nach China zurückgekehrt.

Aus dem DNA-Profil (siehe Abb. 3.15) ist ersichtlich, dass die Stärken dieses Kandidatenkreises eindeutig im chinesischen Umfeld zu sehen sind. Der Förderungsbedarf kann an den weiß gebliebenen Flächen abgelesen werden.

Der chinesische Rückkehrer hat in seinem Heimatland ein Studium abgeschlossen und ist zum weiterführenden Auslandsstudium nach Deutschland gegangen. Er wurde nach Studienabschluss in einem deutschen Unternehmen für eine Tätigkeit in der

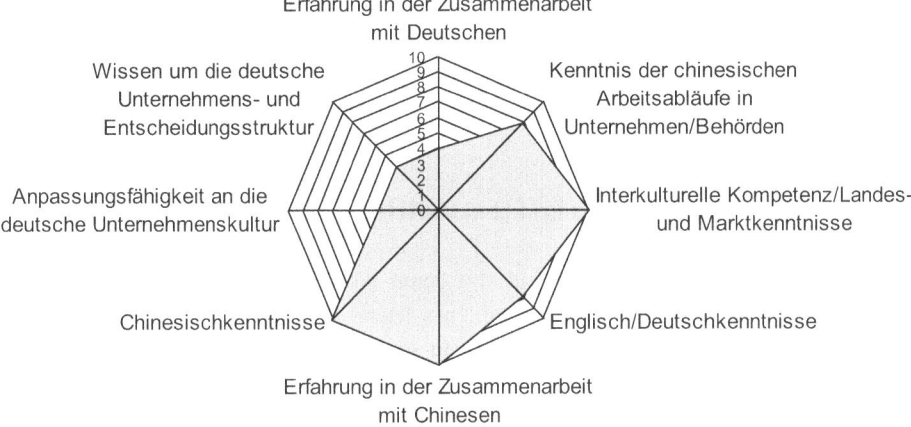

Abb. 3.15   DNA-Beurteilungsprofil eines chinesischen Rückkehrers aus Deutschland

Tochtergesellschaft eingestellt. Hier ist die Einarbeitungszeit im Stammhaus entscheidend. Mindestens ein halbes Jahr ist notwendig, um das Mutterhaus und die für ihn zuständigen Ansprechpartner kennen zu lernen. Worauf meistens zu wenig eingegangen wird, ist die beidseitige Erwartungshaltung. Konkretisiert werden müssen die Aufgaben und die Berichtspflichten an das Stammhaus, die der chinesische Rückkehrer vor Ort erfüllen muss.

Für viele Rückkehrer sind die Entscheidungsabläufe in europäischen Unternehmen sehr fremd. Nach gezieltem Training-on-the-job kann das Potenzial hinsichtlich der Zusammenarbeitserfahrung mit deutschen Managern und deren Unternehmensphilosophie stark verbessert werden (Abb. 3.16).

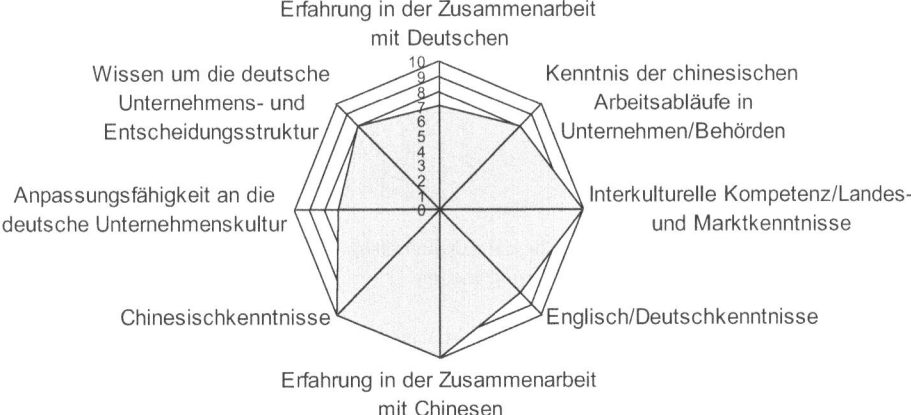

Abb. 3.16   Verbesserung des DNA-Beurteilungsprofils eines chinesischen Rückkehrers aus Deutschland nach gezielter Einarbeitungsphase

3.4   Lokaler Manager

Aufgrund zunehmender Wirtschaftskriminalität überprüfen internationale Personal-abteilungen ihre Bewerber häufiger als in der Vergangenheit unter diesem Aspekt.

3.4.1   Mit Berufserfahrung im Staatsbetrieb

Bei den einheimischen Managern sind von deren Werdegang her zwei grundsätzliche Unterscheidungen zu treffen. Als wesentliches Merkmal dient die Berufserfahrung in einem deutschen Unternehmen oder in einem nicht-deutschen Unternehmen in China (Abb. 3.17).

Der aus dem Staatsbetrieb kommende Manager ist die denkbar schlechteste Wahl für ein Auslandsunternehmen. Jahrzehntelange Gleichmacherei und Verantwortungs- sowie Entscheidungsscheu prägen diesen Sektor und seine Arbeitnehmer bis heute. Fehlende Erfahrung in der konkreten Zusammenarbeit mit deutschen Vorgesetzten und Kollegen sowie fehlende Fremdsprachenkenntnisse zeichnen diesen Kandidatentyp aus. Denkbar für den Einsatz eines solchen Mitarbeiters sind beispielsweise die Zollabfertigung und andere Bereiche, bei welchen Ortskenntnisse unbedingt erforderlich sind. Bei politischen Projekten, in welchen die lokale Vernetzung „Guanxi" gefragt ist, kann dieser Manager auch ohne Auslandserfahrung hervorragende Ergebnisse erzielen.

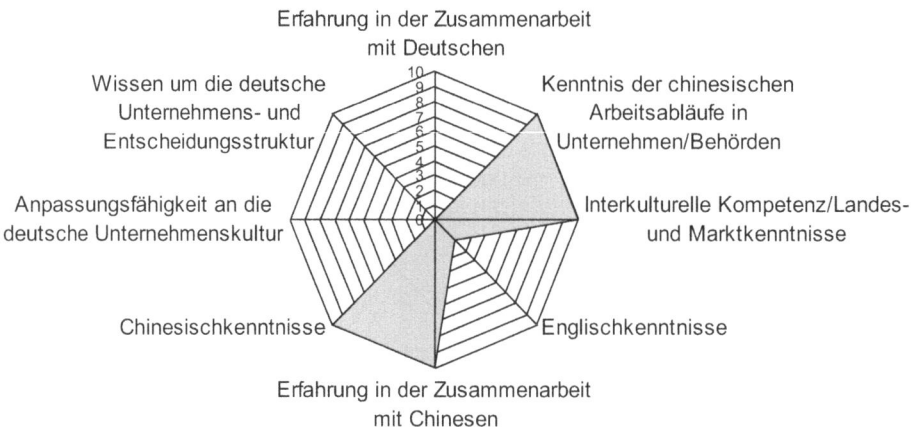

Abb. 3.17 DNA-Beurteilungsprofil des lokalen Managers mit Erfahrung im Staatsbetrieb

3.4.2 Ohne deutsche Berufserfahrung

Stärken und Schwächen des lokalen chinesischen Managers sind angesichts des Beurteilungsprofils (siehe Abb. 3.18) offensichtlich. Herausragendes Wissen kann er im Bereich des chinesischen Arbeitsumfeldes mitbringen.

Englisch- oder gar Deutschkenntnisse sind durch Sprachkurse ausbaufähig. Großer Nachholbedarf entfällt auf Unternehmensphilosophie, Entscheidungswege und Erfahrung in der Zusammenarbeit. Es hat sich gezeigt, dass dies Risiken bei der Einstellung eines lokalen chinesischen Managers sind. Insbesondere keine Berufserfahrung in einer westlichen oder internationalen Auslandstochter in China gesammelt zu haben, kann zum Risikofaktor werden. Sollte ein solcher Kandidat eingestellt werden, ist auf den unverzüglichen Aufbau diesbezüglicher Kenntnisse zu achten. Erforderlich zur Ausübung einer Tätigkeit ist eine intensive Betreuung, dazu zählen seine eigenen regelmäßigen Besuche des deutschen Stammhauses und häufige Besuche durch Mitarbeiter des Mutterhauses in China. Außerdem sollten nach der Entsendung gezielte Einarbeitungssequenzen in Deutschland stattfinden.

3.4.3 Mit deutscher Berufserfahrung

Die ideale Konstellation zeigt sich offensichtlich in dem DNA-Beurteilungsprofil eines lokalen Managers, der bereits mehrjährige Berufserfahrung in einem deutschen Tochterunternehmen in China sammeln konnte (siehe Abb. 3.19). Seit seinem Studium arbeitet er in China und ist mit dem dortigen Wirtschaftsleben bestens vertraut. Zusätzlich sind Fähigkeiten in der Zusammenarbeit mit deutschen Managern festzustellen. Wie deutsche

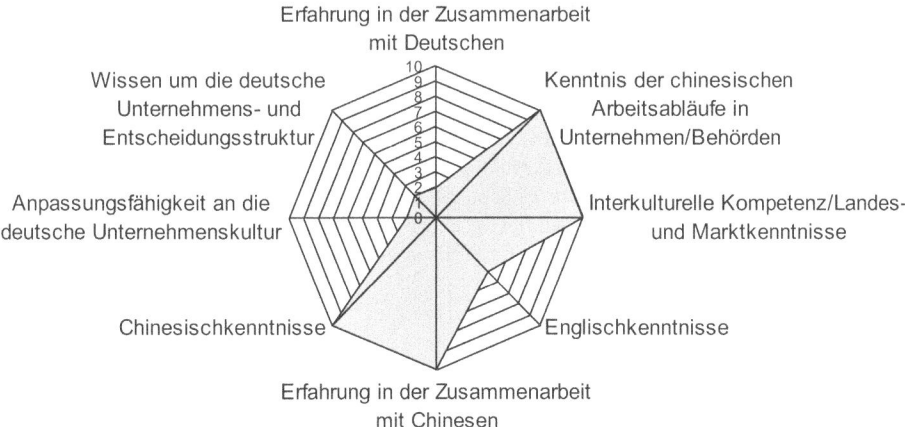

Abb. 3.18 DNA-Beurteilungsprofil des lokalen Managers ohne Berufserfahrung in einem deutschen Unternehmen

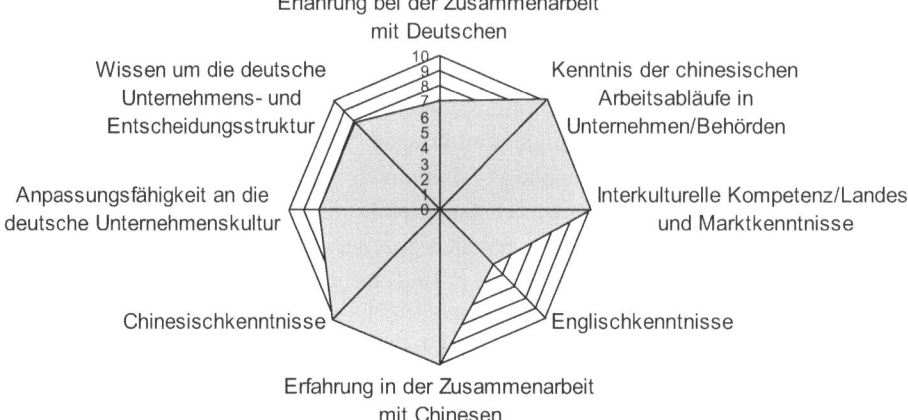

Abb. 3.19 DNA-Beurteilungsprofil eines lokalen Managers mit Berufserfahrung in deutscher Auslandstochter

Unternehmen arbeiten, deren Hierarchien und Gremienwege sowie Berichterstattungen hat er in seiner Karriere durchlebt. Aufgrund dieser exzellenten DNA-Beurteilung eignet sich dieser Manager idealtypisch für eine Besetzung in China. Ein vergleichbares DNA-Beurteilungsprofil könnte das Nachfolgende eines Kandidaten sein, welcher Berufserfahrung in anderen westlichen, nicht unbedingt deutschen Auslandstöchtern gesammelt hat.

Literatur

Brux, Leo. 2012. Über 250.000 Studenten aus dem Ausland studieren an deutschen Universitäten. Blog.initiativgruppe. 28. Juli. Zugegriffen: 12. Sept. 2014.

ExpatNews. 2014. Zahl (zufriedener) ausländischer Studenten in Deutschland steigt. ExpatNews. 23. Januar. Zugegriffen: 11. Sept. 2014.

Statista. 2018. Länder mit der größten Anzahl an Auslandschinesen. vgl. http://de.wikipedia.org/wiki/Auslandschinesen. Zugegriffen: 11.Sept. 2014.

Zhang, Junmian. 2011. Top 10 nationalities of expats in China. China.org.cn. Zugegriffen: 11. Sept. 2014.

Den Wunschkandidaten finden

4

Sollte die interne Stellenausschreibung im Unternehmen vor Ort oder im Stammhaus in Deutschland keine Ergebnisse erbracht haben, muss die Position extern besetzt werden. Dafür gibt es je nach Management- Ebene mehrere Wege, Mitarbeiter zu finden.

Zur *ersten Management-Ebene* zählen die Geschäftsführerpositionen chinesischer Tochterunternehmen. Wird ausgeschlossen, dass ein Geschäftsführer des deutschen Unternehmens für diese Position nach China entsandt wird, dann gibt es nur zwei Möglichkeiten der Besetzung: der chinesische High Potential oder der Expatriate, das heißt der ausländische Manager, beide werden eigens für diese Stelle gewonnen. Erfahrungsgemäß suchen internationale Unternehmen diese Kandidaten über internationale Personalberater. Es kommt häufig vor, dass beispielsweise ein Vertriebsleiter derselben Branche sich auf eine Geschäftsführerposition verbessert und seine Mannschaft gleich mitbringt (Huckepack).

Die *zweite Management-Ebene* ist die Abteilungsleiter-Ebene. Wer einen Abteilungsleiter Rechnungswesen oder Einkauf sucht, hat drei Möglichkeiten:

- Inserat im Internet: Große Firmen schalten Suchanzeigen über ihre firmeneigene Website. Sie erhalten teilweise mehrere tausend Bewerbungen pro Monat.
- Jobsuche über die Printmedien
- Ein internationaler Personalberater mit chinesischer Präsenz vor Ort: Er wird besonders bei der Suche von Spezialisten und für Positionen der zweiten Management-Ebene beauftragt.

© Springer Fachmedien Wiesbaden GmbH, ein Teil von Springer Nature 2018
K. Waldkirch, *Erfolgreiches Personalmanagement in China*,
https://doi.org/10.1007/978-3-658-23043-2_4

Zur *dritten Management-Ebene* gehört der Section Head, der wiederum dem Abteilungsleiter untersteht. Ähnlich wie bei der Besetzung der Teamleiter oder Supervisor präferieren die Auslandsinvestoren folgende Rekrutierungsformen:

- Internetauftritte
- Stellenanzeigen in regionalen und lokalen Zeitungen und Fachzeitschriften
- Chinesen recherchieren gerne und ausführlich im Internet
- Empfehlungen der eigenen Mitarbeiter für potenzielle Bewerber
- Lokale chinesische Personalberater
- Externe Manager ohne Personalverantwortung werden von der eigenen Mannschaft
  empfohlen. Es ist auch geltende Praxis, dass ein Unternehmen mehrere Hochschul-
  studenten als Praktikanten gewinnt, um dann mit den besten nach dem Studium einen
  Arbeitsvertrag zu unterschreiben.
- Der Bewerbungsrücklauf ist jedoch sehr dürftig; es bewirbt sich eine große Zahl an
  Dolmetschern (Abb. 4.1).

Im Durchschnitt absolvieren jährlich rund 7 Mio. Chinesen ihre Hochschule. Aber nur
schätzungsweise ein Fünftel findet eine Festanstellung in einem Unternehmen.

Inserate	Direkt-ansprache	Firmeninternes Netzwerk	Übernahme	Personal-agenturen
Tageszeitungen (regional und überregional)	**Job Fairs**	**Mitarbeiter**	**Unternehmen**	**Personalver mittler**
China Daily, Shanghai Daily, South China Morning Post, Xinmin Wanbao, People`s Daily (landesweit), Guangming Daily (landesweit), Jiefang Daily (Ostchina), China International Business,	Ansprache geeigneter Kandidaten bei Jobmessen	Empfehlung durch bestehende Mitarbeiter	Übernahme eines bestehenden Unternehmens	FESCO, staatliche Personalverm ittler wie CIIC, CITD usw. internationale HR-Consulting Companies ASC – Asia Success, Neustadt, Hongkong, Shanghai u. a.
Branchen- und Fachzeitschriften				
Internet 51job.com, HR.com chinacareer.com dragonsurf.com	**Internetauftritt** Rekrutierung über die firmeneigene Website	**Praktikanten und Teilzeitkräfte** Festeinstellung von Praktikanten und Teilzeitkräften	**„Huckepack"** Übernahme von Mitarbeitern der Führungskraft	

Abb. 4.1 Überblick über Rekrutierungsmöglichkeiten

Grundsätzlich werden Arbeitnehmer in der Produktion auf lokaler Ebene per Zeitungsinserat gesucht. Bei Unternehmensübernahmen existierender chinesischer Unternehmen oder Gemeinschaftsunternehmen kann die Belegschaft übernommen werden. Dazu sind Informationen wie Belegschaftsstärke, Qualifikation, Altersstruktur etc. im Vorfeld einzuholen.

Die landesweit bedeutendste Arbeitnehmerservice-Organisation ist die Foreign Enterprise Service Corporation (FESCO). Daneben gibt es andere staatliche Personalvermittlungsorganisationen wie China International Intellectech Corporation (CIIC) und Council for International Training & Development (CITD). Zur Rekrutierung von Repräsentanz-Personal sind diese staatlichen Personalagenturen einzuschalten.

- Die meisten Organisationen schließen mit den Mitarbeitern den Arbeitsvertrag und mit dem Unternehmen einen Arbeitsüberlassungsvertrag.
- Gehaltssteigerungen und Prämien können als Motivation sowie Anreizsystem schlecht eingesetzt werden, weil sie überhaupt nicht oder nur teilweise an die betreffenden Mitarbeiter weitergegeben werden.

Jobmessen eignen sich einerseits für die Unternehmen selbst, um als Aussteller aktiv um Absolventen zu werben, andererseits auch, um direkt an die sich präsentierenden Hochschulen heranzugehen, um etwaige Kandidaten zu rekrutieren.

- Ansprache geeigneter Kandidaten bei Bewerbermessen (Universitäten, städtische Organisatoren etc.).
- In den Messezentren der Städte Beijing, Guangzhou und Shanghai finden regelmäßig Jobmessen statt.

Aufgrund der Schwierigkeit in der Personalgewinnung sprechen Unternehmen wie P&G, IBM und Motorola bereits Hochschulstudenten an, um sie dann nach erfolgreichem Abschluss zu rekrutieren.

4.1   Gegenüberstellung der Personalrekrutierungsmethoden

Aus den Rekrutierungsinstrumenten ergeben sich Vor- und Nachteile, die es für das einstellende Unternehmen zu berücksichtigen gilt (Abb. 4.2).

4.2   Erfahrungswerte der Unternehmen zur Personalgewinnung

Aus dieser Abwägung der Vor- und Nachteile der einzelnen Vorgehensweisen in der Personalauswahl ergeben sich bei den betroffenen Entscheidungsträgern ausländischer Firmen unterschiedliche Problemeinstufungen. Im Jahr 2014 wurde eine Umfrage unter

Methode	Wichtigste Vorteile	Wichtigste Nachteile
Internet-Inserat	▪ Breite Streuung ▪ Verhältnismäßig geringe Kosten	▪ Quantität statt Qualität der Bewerbungen ▪ Zeit- und kostenaufwändige Vorauswahl (Bewerbungsmasse)
Zeitungsinserat	▪ Nähe zur Zielgruppe	▪ Geringe Trefferwahrscheinlichkeit (1 geeigneter Kandidat auf 100 bis 1000 Bewerbungen) ▪ Hohe Kosten
Arbeitnehmer-organisation	▪ Reduzierter interner Verwaltungsaufwand (Sozialabgaben-abführung, Personalvorauswahl)	▪ Geringe Qualifikation der Kandidaten
Head Hunter	▪ Zielgenaue Suche ▪ Hochqualifizierte Kandidaten	▪ Hohe Kosten
Job Fairs	▪ Breite Streuung unter potenziell qualifizierten Kandidaten	▪ Hoher Zeit- und Personalaufwand, hohe Kosten (zahlreiche Bewerbungen, lange Zeitabstände zwischen Veranstaltungen)
Übernahme des JV-Partners	▪ Geringer Kosten- und Zeitaufwand („einfache Lösung")	▪ Loyalitätsfragen ▪ Eigeninteresse des chinesischen Gesellschaftspartners. Es zeigt sich, dass der empfohlene Kandidat oft nicht gleich der beste Kandidat sein muss. ▪ Rechtsfragen: Nach zwei Jahren befristetem Arbeitsvertragsverhältnis kann das unbefristete Arbeitsverhältnis für den Arbeitgeber schwerer beendet werden …

Abb. 4.2 Vor- und Nachteile verschiedener Rekrutierungsformen

100 Geschäftsführern deutscher Tochtergesellschaften in China durchgeführt. Diese wurde im ersten Quartal 2018 wiederholt. Den deutschen Unternehmensvertretern wurde folgende Frage gestellt:

▷   „Wie problematisch beurteilen Sie die unterschiedlichen Rekrutierungsformen in China?"

Die Ergebnisse der ersten Befragung (2014) ließen erkennen, dass die einzelnen Rekrutierungsarten nicht effektiv und zielorientiert genutzt wurden. Daher beurteilten die involvierten Führungskräfte durchschnittlich jede Personalsuche mit 61,5 % als problematisch, das heißt, sie beurteilten es als sehr schwierig, auf diesem Wege einen geeigneten Mitarbeiter zu finden. Im Vergleich dazu hat sich diese Problemeinstufung im Jahr 2018 auf 58 % gesenkt. Trotz dieser Verbesserung zeigt das Resultat, dass im Prinzip jeder zweite Befragte es als schwierig erachtet, mittels dieser sechs Rekrutierungsformen die richtigen Mitarbeiter zu finden (siehe Abb. 4.3).

- **Anzeigen in Zeitungen**
  2018 fanden nur 59 % der Befragten diese Form problematisch – statt 70 % im Jahr 2014. Die Unternehmen hatten zwar mit lawinenartigem Bewerbungseingang zu kämpfen, aber durch die lokale Anzeigenschaltung in Stadtzeitungen am Standort der Unternehmen Erfolge erzielt.
- **Jobbörsen im Internet**
  Im Jahr 2014 bezeichneten 65 % der Befragten diese Form als schwierig. Die neueste Umfrage (2018) brachte zu Tage, dass jedes zweite Unternehmen (53 %) auf Hindernisse traf, im Internet die passenden Mitarbeiter zu finden. Dies ist darauf zurückzuführen, dass die Personalsuche über dieses Medium gezielter angegangen wurde:
  - Nutzung chinesischer Internet-Jobportale
  - Ausschreibung von Stellen im mittleren Management

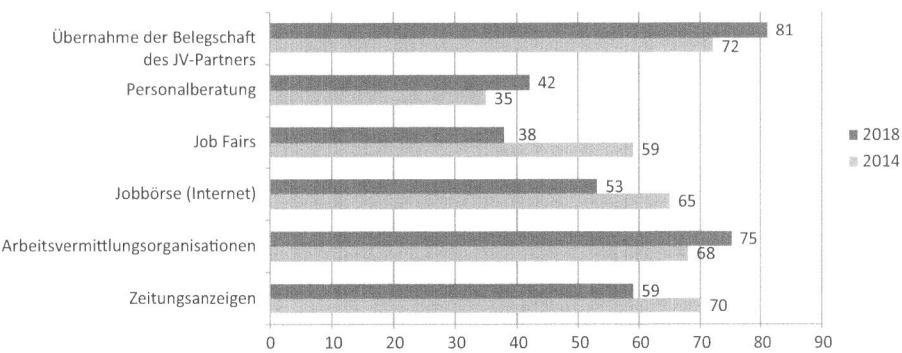

Abb. 4.3 Probleme ausgewählter Rekrutierungsformen (in %)

- **Arbeitsvermittlungsorganisationen**
  75 % der Befragten bezeichneten diese Form als schwierig. Insbesondere befinden
  sich in den staatlichen Personalvermittlungsorganisationen vor dem Hintergrund des
  Manager-Marktes keine Asse – hoch qualifizierte Manager mit Berufserfahrung und
  Englischkenntnissen. 2014 war sicherlich regional noch geeignetes Arbeitnehmer-
  potenzial vorhanden.
- **Job Fairs/Jobmessen**
  Im Jahr 2014 stuften 59 % der Befragten, also mehr als jeder Zweite, eine Jobmesse
  als nicht einfach ein. 2014 hatte knapp jeder Dritte dieses Problem. Unternehmen
  gehen mehr dazu über, auf Jobmessen in Kanton, Shanghai und Beijing zukünftige
  Trainees von Hochschulen zu akquirieren.
- **Personalberater**
  Im Jahr 2018 ist für 42 % der Befragten die Beauftragung eines Personalberaters
  hinsichtlich des Ergebnisses, den „Manager des Vertrauens und der Kompetenz" zu
  finden, immer noch mit Schwierigkeiten verbunden. Die Treffsicherheit erhöhte sich
  in den letzten Jahren, da Personalberater nur für Positionen ab der zweiten Management-Ebene eingeschaltet werden. Außerdem stellen sie eine Garantie für deren Kandidaten, dass diese mindestens sechs Monate beim neuen Arbeitgeber bleiben.
- **Übernahme der Belegschaft vom chinesischen Partner des Gemeinschaftsunternehmens**
  72 % der Befragten bezeichneten im Jahr 2014 diese Form als nicht ideal. Probleme
  bei der Übernahme der Belegschaft sind durch die Erfahrungen der Unternehmen
  virulenter geworden. Insbesondere wurden der krasse Loyalitätszwiespalt gegenüber dem neuen Management, mangelnde Qualifikation, Überalterung und Überbesetzung der übernommenen Arbeitnehmerschaft beklagt. Diese Rekrutierungsform
  sollte in den Augen der deutschen Führungskräfte vermieden oder professionell vorbereitet werden. In der Erhebung (2018) sehen die Unternehmen zu zwei Drittel diese
  Rekrutierungsform als schwierig an.

4.3   Probleme der Personalrekrutierung nach Ressorts

In den Jahren 2014 und 2018 wurde eine Umfrage bei 60 Unternehmen aus dem deutschsprachigen europäischen Raum zu folgender Frage durchgeführt (Abb. 4.4):

▶   „Für welche Abteilung Ihrer Organisation war es schwierig, qualifiziertes, loka-
     les Personal zu rekrutieren?"

- **Arbeitsmarktentspannung bei den Ressorts Verwaltung, Personal und Finanz-
  und Rechnungswesen**
  In den Ressorts Verwaltung und Personal hat sich die Lage sehr entspannt. Nur bei
  5 % der Befragten hat die Besetzung von Positionen in diesen Bereichen Probleme

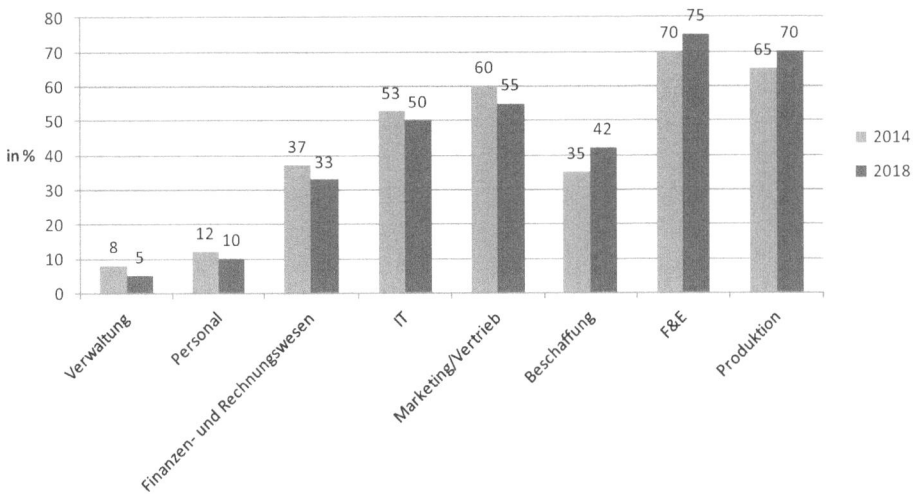

Abb. 4.4 Schwierigkeiten bei der Personalrekrutierung (in %)

bereitet. Auch die Kandidatensuche für den Bereich Finanzen und Rechnungswesen hat sich 2018 im Vergleich zu 2014 vereinfacht. Waren es bei der ersten Befragung noch 37 %, so sind es jetzt nur 33 % der Unternehmen, welche auf Besetzungshindernisse trafen. Bei diesen drei Ressorts haben zunehmende Absolventenzahlen sowie Aus- und Fortbildung von den betreffenden Fachkräften in Auslandsunternehmen in China zu einem besseren Angebot auf dem Arbeitsmarkt geführt.

- **IT-Knappheit auf stabilem Niveau**
  Im Jahr 2018 hatte jedes zweite Unternehmen Probleme, Stelleninhaber für den Bereich IT zu finden.
- **Vertrieb und Marketing**
  Im Bereich Marketing und Vertrieb sind seit sechs Jahren die Fachkräfte knapp. Immer noch 55 % der Unternehmen haben Schwierigkeiten, Stellen in diesem Bereich adäquat zu besetzen. In 2014 war es ebenso heikel. Die 1978 eingeleiteten Wirtschaftsreformen haben, trotz einer dreißigjährigen Dauer, hinsichtlich des Arbeitsmarkts noch keinen durchschlagenden Erfolg im Angebot von Vertriebsmanagern erzielt. In der Zeit der Planwirtschaft wurden Güter und Dienstleistungen eher verteilt als vermarktet. Erst die in den letzten Jahren eingeführten westlichen MBA-Studiengänge in Verbindung mit europäischen und amerikanischen Hochschulen werden diesen Notstand zu verhindern wissen.
- **Verschärfte Knappheit bei Fachkräften in den Bereichen Sourcing, F&E und Produktion**
  Dass China als Werkbank für die Welt ausgebaut wird, zeigt sich insbesondere in den Beschaffungs- und Produktionsbereichen. Global Sourcing ohne China ist heute nicht mehr denkbar. Deshalb hat knapp jedes zweite befragte Unternehmen Probleme,

qualifizierte Einkäufer zu finden. Hatten 2014 rund 65 % der Unternehmen es nicht leicht, geeignetes Personal im Produktionsbereich zu finden, geht dies heute 70 %, also über die Hälfte der Unternehmen so. Dieser Anstieg ist auf die stark gestiegene Nachfrage nach Ingenieuren in diesem Segment zurückzuführen. Die Auslandsunternehmen fragen mehr Manager mit erworbener Berufserfahrung in Auslandstöchtern nach, als sie Hochschulabsolventen einzustellen bereit wären.

Seit etwa zehn Jahren hat die Verlagerung von Forschung und Entwicklung nach China begonnen. Es wird prognostiziert, dass bis zum Ende der Dekade jedes zweite global agierende Unternehmen in China forscht. Dementsprechend hat sich der Schwierigkeitsgrad, F&E-Ingenieure zu finden, rasant erhöht. 2014 hatte rund ein Drittel Probleme, die Lücke mit entsprechender Expertise zu schließen. 2018 sind es immer noch 75 % der Unternehmen, die sich großen Hindernissen gegenübergestellt sehen.

4.4   Hindernisse bei der Personalsuche

Im Jahr 2018 wurde eine Umfrage bei 60 in China ansässigen Unternehmen wiederholt, die 2014 schon einmal durchgeführt worden war. Die zentrale Frage hierbei lautete (Abb. 4.5):

▶   „Wo lagen die Hauptprobleme bei der Rekrutierung geeigneter Mitarbeiter?"

- **Mangelnde Berufserfahrung in einem Auslandsunternehmen**
  Im Gegensatz zum Jahr 2014 hat sich die Arbeitsmarktsituation drastisch verschärft. Manager, die in ausländisch-chinesischen Gemeinschaftsunternehmen oder 100 %igen Tochterunternehmen arbeiten, sind rar gesät. Durch den hohen Investitionszufluss aus dem Auslands und großer Nachfrage nach Expertise können beispielsweise bei Neugründungen – Grüne-Wiese-Projekte – nur Manager eingestellt werden, die ihrerseits wiederum aus leistungsorientierten Unternehmen kommen. Jedes befragte Unternehmen sieht dies als größtes Hindernis bei der Personalsuche an.

Hindernisse bei der Personalsuche	2014	2018
Mangelnde Berufserfahrung Auslandsunternehmen	100	85
Mangelnde Qualifikation	92	73
Fehlende Englischkenntnisse	75	70
Trotz unterschriebenem Arbeitsvertrag tritt der Bewerber seiner Tätigkeit nicht an	62	52
Höhe des Gehalts	78	82
Verfügbarkeit in der Region	79	74
Bewerbungsunterlagen in chinesischer Sprache	20	15

Abb. 4.5 Umfrageergebnisse der Jahre 2014 und 2018 (in %)

- **Mangelnde Qualifikation**
  Mehr als ein Drittel, mittlerweile fast jeder der Befragten, geben als Hauptproblem an, nicht die geforderte Qualifikation bei den Bewerbungen zu erhalten. In der Tat entspricht das qualitative und mengenmäßige Angebot nicht der Nachfrage, insbesondere nach Ingenieuren. Unternehmen müssen sich auf eine lang anhaltende Angebotslücke einstellen.

- **Fehlende Englischkenntnisse**
  Manager, die über Englischkenntnisse und über die passende Berufserfahrung verfügen, sind am chinesischen Arbeitsmarkt knapp. Durch die Große Proletarische Kulturrevolution (1966–1976), in der Englisch verpönt war und Englischlehrer aufs Land zur Umerziehung geschickt wurden, gibt es angesichts des enormen Bedarfs internationaler Unternehmen zu wenige Manager mit Englischkenntnissen. Außerdem ist der Schulunterricht in diesem Fach unzureichend und veraltet.

- **Trotz unterschriebenem Arbeitsvertrag tritt der Bewerber seine Tätigkeit nicht an**
  Im Vergleich zu 2014 ist dieses Hindernis 2018 gesunken. Zur Zeit der ersten Umfrage ist ein Drittel der kontrahierten Mitarbeiter nicht zur Aufnahme ihrer Tätigkeit in der neuen Firma gekommen. Die zunehmende „Jagd auf Talente" hat zur Folge, dass die Hälfte der Unternehmen Manager einstellen wollten, die jedoch in letzter Minute einen Rückzieher gemacht haben. Aber auch die Rückverhandlung mit dem derzeitigen Arbeitgeber ist an der Tagesordnung.

- **Höhe des Gehalts**
  Die in die Höhe schnellenden Gehälter bereiten den Investoren Kopfzerbrechen. Vor allen Dingen das Job-hopping ist vielen Unternehmen, die dringend geeignete Manager suchen, ein „Dorn im Auge". Durch den Arbeitsplatzwechsel werden Gehaltssprünge in Höhe von 50 bis 100 % realisiert.

- **Verfügbarkeit in der Region**
  Eine weitere Barriere für die Unternehmen, Mitarbeiter aus anderen Regionen langfristig zu binden, ist die Heimatverwurzelung. Shanghaier Manager fühlen sich in einem Kantoner Unternehmen nicht wohl. Da dort Kantonesisch – ein für sie unverständlicher Dialekt – gesprochen wird, können sie sich nur schwer integrieren. Aus diesem Grund ist die Beweglichkeit der Leistungsträger von der einen in die andere Region äußerst eingeschränkt.

- **Bewerbungsunterlagen in chinesischer Sprache**
  Mehr denn je ist den chinesischen Bewerbern klar, dass sie bei einem Auslandsunternehmen nur Chancen haben, wenn ihre Bewerbung in englischer Sprache gefasst ist. Aus diesem Grund werden weniger „rein" chinesische Bewerbungen eingereicht.

4.5   Case Study: Die ungeschriebenen Gesetze des chinesischen Automobil-Arbeitsmarktes

Bei der Analyse des chinesischen Arbeitsmarktes in der Automobil- und seiner Zuliefererindustrie ist es wichtig, sich die investitionspolitischen Rahmenbedingungen und die seit dem internationalen Markteintritt im Jahr 1984 historisch gewachsenen Organisations- und Personalstrukturen zu vergegenwärtigen.

4.5.1   OEM-Segment

Auch Chinas Beitritt zur Welthandelsorganisation (WTO) 2001 konnte an der staatlichen Zwangspartnerschaft zwischen chinesischen und ausländischen Unternehmen nichts ändern. Zur Gründung eines Tochterunternehmens in der Automobilindustrie muss die ausländische Firma den von chinesischer Seite vorab ausgewählten Partner akzeptieren. Dabei darf der ausländische Investor bis maximal 50 % der Anteile zeichnen. Diese paritätische Beteiligung hat zur Folge, dass die verschiedenen Ressorts (Verkauf, Einkauf, Rechnungswesen etc.) auch numerisch zu gleichen Teilen zwischen den Gesellschaftern aufgeteilt werden. Daraus ergibt sich, dass das ausländische Unternehmen letztendlich nur über seine eigenen Ressorts Personalentscheidungskompetenz besitzt und keinen oder nur äußerst limitierten Einfluss auf die Personalauswahl der chinesischen Ressorts hat. Dies hatte in der Praxis meistens zur Folge, dass das unter der Ägide des chinesischen Partners eingestellte Personal bezüglich der Qualifikation, den Sprachkenntnissen und der Management-Expertise nicht immer westlichen Standards entsprach.

4.5.2   Zulieferer-Segment

Im Segment der Automobilzulieferer trifft der Personalverantwortliche auf historisch gewachsene und stark verkrustete Strukturen. Diese sind gekennzeichnet von einer starken Übernahmewelle bestehender staatlicher Zulieferer durch Global Player in den Jahren 1985 bis 2004: Der größte Teil (ca. 75 %) der Gründungen waren in der Vergangenheit keine Start-ups (Grüne-Wiese-Projekte), sondern Übernahmen und Fusionen. Dabei brachte die chinesische Seite die Vermögenswerte Land, Gebäude und den bestehenden Maschinenpark ein, während die ausländische Seite Know-how, Cash und moderne Maschinen beisteuerte.

   In diesen M&A-Prozessen wurde der Großteil der Belegschaft des chinesischen Zulieferers übernommen. Dies geschah meistens ungeachtet der vorhandenen – beziehungsweise nicht vorhandenen – Qualifikation der Belegschaft und der in Kauf genommenen Überbesetzung. Oft wusste der erste ausländische Geschäftsführer nach der Übernahme weder Zahl noch Namen seiner Belegschaftsmitglieder. Die Herausforderung für das obere Management ist deshalb eine Gratwanderung zwischen Schulung, Freisetzung der bestehenden Mitarbeiter und der Gewinnung von neuen Leistungsträgern. Neben diesen

Rahmenbedingungen gilt gerade auch für den Automobilsektor in China eine Reihe ungeschriebener Gesetze, die bei der langfristigen, erfolgreichen Personalgewinnung zu beherzigen sind.

4.5.3   Lücke zwischen Angebot und Nachfrage

Trotz Chinas hoher Bevölkerungszahl kommen nur 1,8 Mio. Nachwuchskräfte für internationale Unternehmen in Frage, von denen mehr als 50 % ihren Sitz in den Küstenregionen haben. Dort leben jedoch lediglich 20 % der erwerbsfähigen Bevölkerung. Dieses knappe Angebot an Arbeitskräften ist auf mangelnde Englischkenntnisse sowie fehlende praktische Ausrichtung zurückzuführen und bewirkt eine nachhaltige Einschränkung der Mobilität der Hochschulabsolventen sowie der Kandidaten mit Berufserfahrung. Aus diesem Grund müssen auch Zulieferunternehmen an den OEM-Standorten auf das Fachpersonal zurückgreifen, welches in der Region ansässig ist. Ansonsten läuft der Arbeitgeber Gefahr, beispielsweise den von einem entfernten Standort übergesiedelten Mitarbeiter zu verlieren, weil er sich im neuen Unternehmen nicht wohl fühlt, obwohl die neue Position einen großen Karriereschritt für ihn bedeutet. Bei Chinas riesigen Dimensionen ist eine lokale Veränderung eines Managers immer als eine sehr große Veränderung zu sehen. Am besten ist dies zu vergleichen mit einem finnischen Manager, der aus seinem Heimatland nach Köln zu Ford wechselt. Nicht nur das Arbeitsumfeld ist ihm fremd, auch die Speisen und Getränke (Lebensumstände) sowie die Mentalität des Vorgesetzten und der Kollegen.

In China wurden in den letzten fünf Jahren jeden Monat bis zu 1700 neue Auslandsunternehmen gegründet. In der Vergangenheit wurde nahezu ein Drittel aller Investitionsprojekte im automobilrelevanten Bereich (Tier 1 bis 3) getätigt werden. Dies schafft einen enormen Nachfragesog nach Fachkräften. Der Arbeitsmarkt, insbesondere die Segmente Hochschulabsolventen und berufserfahrene Manager, können diese Nachfrage bei weitem nicht befriedigen.

4.5.4   Heimat- und Familienbindung

China ist als drittgrößtes Land der Erde mit seinen ca. 9,6 Mio. km^2 fast 27-mal so groß wie Deutschland. Berufliche Mobilität und Flexibilität bemessen sich hier also in völlig anderen Dimensionen. Nur ein geringer Teil der Hochschulabsolventen ist bereit, außerhalb der Städte seinen Lebensmittelpunkt in eine der Boomregionen zu verlegen. Ihnen ist die Nähe zur Familie und zum Geburtsort häufig wichtiger als eine schnelle Karriere.

Gerade in der Automobilindustrie und somit auch bei den Zulieferern ist der Wechsel eines Standortes für die einzelnen Manager mit der Überwindung großer Distanzen verbunden. Will sich beispielsweise ein Einkaufsleiter von Audi auf eine Position bei General Motors verändern, dann ist dies so, als ob sich ein Ingolstädter bei Audi um eine Position in Nordafrika bemühen würde.

4.5.5 Mangelnde Assimilationsfähigkeit und lokale Sprachkenntnisse

Ein fiktives Beispiel: Ein Shanghaier arbeitet bei Shanghai Volkswagen und bekommt eine Führungsposition im Vertrieb von Personenkraftwagen bei Honda in Kanton angeboten. Da in seinem neuen Kollegenkreis Kantonesisch gesprochen wird, fühlt er sich als Fremdkörper ausgegrenzt. Dieser Dialekt unterscheidet sich mehr vom Hochchinesischen oder dem Shanghaier Dialekt als Deutsch von Russisch. Berufliche Probleme können zudem entstehen, wenn seine Mitarbeiter vornehmlich dann Kantonesisch sprechen, wenn der neue Vorgesetzte nichts verstehen soll. Zudem kann die neue Situation durch die große Distanz zur Familie (in diesem Fall über 1000 km) auch auf sein Familienleben einen negativen Einfluss nehmen. Gerade bei den regional sehr weit auseinander liegenden Automobilstandorten spielt die geografische Distanz eine große Rolle. Eine Lösung, ihn für den neuen Standort Kanton zu motivieren ist, ihm nach einer Einarbeitung in Kanton als Vertriebsleiter die Region Shanghai zu übertragen und ihn dort zu stationieren (Abb. 4.6).

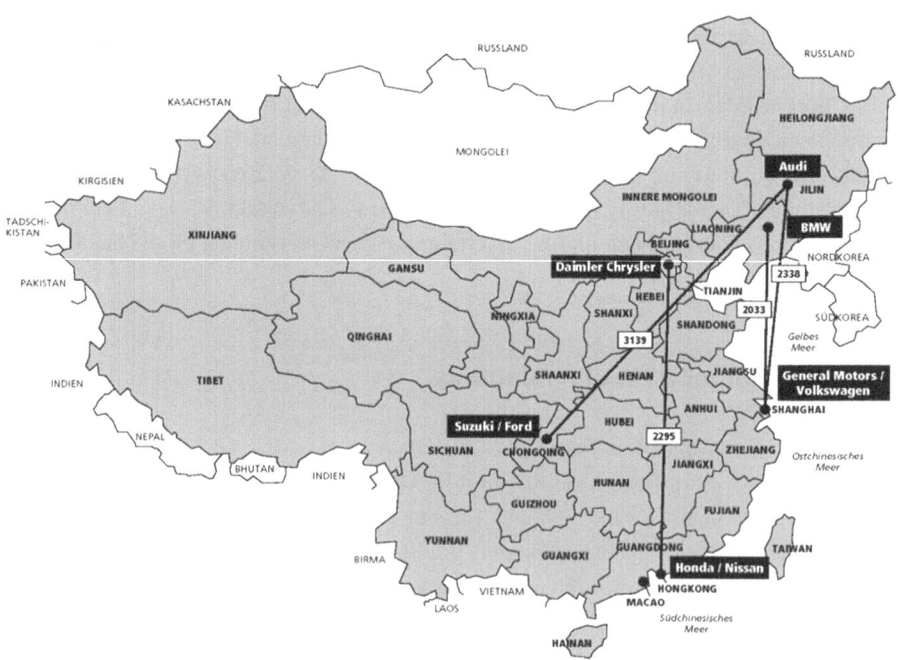

Abb. 4.6 Entfernung zwischen ausgewählten Automobilstandorten in China (in km). (Quelle: Waldkirch 2004, S. 30)

4.5.6   Starke Verbundenheit mit lokalen Gebräuchen und Geschäftsusancen

Die Lebensbedingungen wie Klima, Witterung, aber auch Essensgewohnheiten unterscheiden sich sehr in den verschiedenen Regionen Chinas. Changchun, Provinzhauptstadt von Jilin, mit Permafrost ist diesbezüglich diametral dem beinahe tropischen Shanghai entgegengesetzt. Das Gleiche gilt für die Geschäftsusancen. Bestimmt in Shanghai weitestgehend die Privatwirtschaft, bestehend aus chinesischen Privatunternehmen und Auslandsunternehmen das Geschäftsleben, so ist der Wirtschaftsraum Nord-Ost-China noch von den Staatsbetrieben und von einer stark verzweigten Bürokratie dominiert.

4.5.7   Eingeschränkte Niederlassungsfreiheit

Will man in Deutschland seinen Wohnsitz von Hamburg nach München verlegen, so gibt es diesbezüglich keine Restriktion. In China ist diese Mobilität eingeschränkt – Chinesen brauchen, um ihren Wohnort zu wechseln, eine Zuzugsgenehmigung, genannt „Hukou". Mit diesem politischen Regulativ können die chinesischen Behörden die Zuwanderung beschränken, um den lokalen Arbeitsmarkt abzuschotten. So kommt es des Öfteren vor, dass bei hoher Arbeitslosigkeit beispielsweise in einer Stadt wie Beijing dieses „Sich-Niederlassen" von Fachkräften aus anderen Regionen verhindert wird. Seit dem 22. Februar 2007 muss jeder, der das 16. Lebensjahr vollendet und sich mehr als einen Monat in der Hauptstadt Beijing aufhält, seinen Wohnsitz dort genehmigen lassen.

4.5.8   Theoretische Orientierung in der Ausbildung und unzureichende Fremdsprachenkenntnisse

Die Ausbildung an den chinesischen Hochschulen ist immer noch sehr theoretisch orientiert. Betriebspraktika sind kein integraler Bestandteil. Daher gehen viele Auslandsunternehmen dazu über, keine Hochschulabsolventen einzustellen, sondern ihren Führungsnachwuchs aus Managern mit Berufserfahrung zu rekrutieren. Die Vermittlung von Sprachkenntnissen im Englischen ist sehr veraltet, freie Kommunikation wird selten geübt. Absolventen können besser Englisch lesen als sprechen.

4.5.9   Mangel an internationaler Erfahrung und Berufserfahrung

Die Möglichkeit der Einstellung von chinesischen Hochschulabsolventen, die im Ausland studiert haben und über gute Englischkenntnisse verfügen, ist von deren Anzahl und der Verfügbarkeit her begrenzt. Wurden zwischen 1978 und 2006 rund 900.000 Studenten zum Auslandsstudium geschickt, so kamen nur rund 220.000, also ca. 24 %, zurück.

Zulieferer in der Automobilindustrie, die einen Produktionsstandort in China errichten möchten, sind auf berufserfahrene Fachkräfte angewiesen. Diese in China zu akquirieren, stellt sich oft als schwieriges Unterfangen heraus, da der Pool solcher Manager, die in einem Auslandsunternehmen Erfahrung gesammelt haben und Englischkenntnisse besitzen, stark begrenzt ist. Für chinesische Hochschulabsolventen ist der einzige Weg, in den chinesischen Arbeitsmarkt für Auslandsunternehmen zu kommen, sich bei den großen Auslandsinvestoren um eine Trainee-Stelle zu bewerben. Große Firmen wie Siemens, ThyssenKrupp, Valeo, Delphi, GKN und andere sind oft Aussteller auf diesen Rekrutierungsmessen in China.

4.5.10 Lohnkostendisparität innerhalb der Regionen

Einen weiteren zu beachtenden Punkt stellen die komparativen Lohnkostenvorteile der einzelnen Regionen dar. Die Lohnkosten in Shanghai als teuerstem Standort werden mit 100 % angesetzt. Eine vergleichbare Kostenstruktur an den Standorten wie Chongqing und Shenyang erreicht sicherlich nur 40 bis 50 %. Die Kosten der anderen Standorte sind dann zwischen denen Shanghais und denen der beiden günstigsten Standorte anzusiedeln. Auch langfristig werden sich diese Kostendisparitäten nicht nivellieren, da ganz China auf absehbare Zeit ein heterogener Markt bleiben wird.

Die eigenen Kostenvorteile wird ein Automobilhersteller in Chongqing auch bei seinem Zulieferer nutzen wollen. Der auswärtige Zulieferer, zum Beispiel aus Shanghai, wird wegen des Preisdrucks, auf Grund der Transportkosten und der Zeitproblematik (Just-in-time) mit dem Zulieferer in räumlicher Nähe nicht konkurrenzfähig sein.

Für die Einstellung von Fachkräften bewirkt diese Lohnkostendisparität Folgendes: Der Shanghaier Manager, zuständig für Qualität, passt nicht in das Gehaltsgefüge des OEM-Marktbegleiters in Chongqing, da sein Ursprungsgehalt bereits 50 bis 60 % über seinem Kollegen in Chongqing liegt.

4.5.11 Regionalbedingte Mentalitätsunterschiede

Die Mentalitäten an den einzelnen Standorten sind sehr unterschiedlich. Ein Shanghaier kommt beispielsweise im BMW-Standort Shenyang sprachlich und auf Grund seines Geschäftsgebarens nicht zurecht. Die Reaktionszeiten sind in Shanghai im Vergleich zu Shenyang eindeutig schneller. Der Anteil der variablen Vergütung fällt in Shenyang im automobilnahen Bereich eher gering aus. Die Eigeninitiative ist in einem Shanghaier Unternehmen stärker entwickelt. Das Shanghaier Unternehmen verfügt in seiner Organisation in der Regel auch über flachere Hierarchien.

4.5.12 Fazit

Der Arbeitsmarkt ist regional begrenzt. Die Unbeweglichkeit des Faktors Arbeit, die starke Verwurzelung der Chinesen an einem Ort und die unterschiedlichen Gehalts-niveaus machen es fast unmöglich, jemanden langfristig von Guangzhou nach Chong-qing zu entsenden. Aus den ungeschriebenen Gesetzen folgt, dass es sinnvoll ist, vor Ort – in der Region am Standort des einzustellenden Unternehmens – nach geeignetem Personal zu suchen oder es dort langfristig zu entwickeln. In Zusammenarbeit mit einer Berufsbildungsstätte kann ein internationales Unternehmen eine Vereinbarung zur Aus- und Weiterbildung nach dem dualen System treffen. Qualifizierungsprojekte wur-den nach deutschem Vorbild von der Hanns-Seidel-Stiftung in Kooperation mit loka-len Institutionen in Nanjing und Shanghai ebenso wie an Standorten in den Provinzen Shandong und Hubei gegründet. Dort werden Facharbeiter nach dem dualen System aus-gebildet. Auch maßgeschneiderte Weiterbildungskurse im kaufmännischen und techni-schen Bereich werden in Kooperation mit der deutschen Industrie in China angeboten. Ebenso arbeitet das Sino-German Vocational Training Centre im nordchinesischen Tian-jin, das mit der Unterstützung der Gesellschaft für Technische Zusammenarbeit (GTZ) eingerichtet wurde, nach dem dualen System. Deutsche Firmen können aus den Erst-ausbildungsjahrgängen Mitarbeiter rekrutieren. Für ein Unternehmen mit langfristigem Engagement und strategischer Ausrichtung ist es sinnvoll, zusammen mit einem Berufs-bildungszentrum eine Vereinbarung zur Aus- und Weiterbildung zu treffen.

Literatur

Waldkirch, Karl. 2004. Das Zeitalter für Chinas Automobilzulieferer beginnt. *FAZ-Institut und DEG: Länderanalyse VR China/Hongkong*, Juni 2004.

Stadien einer erfolgreichen Personalgewinnung

Eine zielführende Personalgewinnung setzt ein funktionsfähiges und effizientes Personal- und Sozialwesen im chinesischen Unternehmen voraus. Dazu gehört einerseits die dezentrale Führung in der Matrix durch den Personalleiter im Stammhaus, der wiederum der fachliche Vorgesetzte des Personalmanagers in der operativen Einheit in China ist. Außerdem müssen die Arbeitsabläufe in der Personalabteilung transparent und mit den internationalen Standardprozessen konform gehen. Hierbei kommt der HR Compliance eine immer größere Bedeutung zu. Dies beginnt mit der ordnungsgemäßen Freigabe der Stellenbeschreibung durch den fachlichen und disziplinarischen Vorgesetzten. Wichtig ist, dass ganz zu Beginn der Personalgewinnung die richtige Weichenstellung erfolgt:

Beispiel

Frau Wang, eine gewiefte Personalchefin, schleuste eine Stellenbeschreibung an dem Fachvorgesetzten Zhang (vertrieb) vorbei und legte sie nebenbei zur Unterschrift dem Geschäftsführer Herrn Meyer vor. Dieser ging davon aus, dass alles seine Richtigkeit hat und in Ordnung sei. Später stellte sich heraus: Frau Wang hatte die Stellenbeschreibung so eingeschränkt, dass aus dem Kandidatenkreis im Endeffekt nur ihr Schwager, den sie ins Unternehmen bringen wollte, als Idealbesetzung in Frage kam.

Dieses Beispiel aus einer deutschen Zweigniederlassung in Wuhan zeigt, wie zielführend Unterschriftenregelungen, standardisierte Abläufe etc. sein könnten.

Aber auch vor kriminellen Delikten ist – wenn überhaupt – nur eine effektiv arbeitende Personalabteilung gefeit. Die Sammlung von Hintergrundinformationen über potenzielle neue Mitarbeiter hat in China eine ganz andere Dimension, wie das Beispiel aus Nanjing zeigt:

© Springer Fachmedien Wiesbaden GmbH, ein Teil von Springer Nature 2018   55
K. Waldkirch, *Erfolgreiches Personalmanagement in China*,
https://doi.org/10.1007/978-3-658-23043-2_5

Beispiel

Herr Qian gelangte durch gefälschte Zeugnisse in ein Produktionswerk. Er fertigte selbst Zertifikate an und erstellte Titelurkunden, die teilweise von bestehenden Kopien bearbeitet wurden. Es dauert nicht allzu lange, als Herr Qian seinen ersten Komplizen Herrn Dong als Lagerist einschleuste. Die Roh-, Hilfs- und Betriebsstoffe beispielsweise NE-Metalle in Höhe von mehreren Zehntausend Euro verschwanden spurlos an einem Wochenende im Monat Februar. Personalchef und Geschäftsführer waren sprachlos angesichts des hohen Vermögensschadens. Den Verantwortlichen im Stammhaus in Deutschland kam zu Ohren, dass der Kunde sich über extreme Lieferschwierigkeiten beschwerte. Das von der Zentrale initiierte Audit ergab folgendes:

- In der Personalakte von beiden fehlten die Ausweis- oder Führerscheinnummern.
- Eine Befragung von Verwandten, um die Personen eindeutig zuzuordnen, konnte nicht durchgeführt werden.
- Referenzen wurden nicht eingeholt, geschweige denn detailiiert hinterfragt.
- Für die polizeiliche Ermittlung kam erschwerend die große Zahl an identischen Vor- und Nachnamen sowie die gleichklingenden Namen hinzu.

Die nachhaltige und systematische Überprüfung von Bewerberdaten ist erfolgsentscheidend für eine gelungene Personalgewinnung. Des Weiteren ist die Verlässlichkeit und die Solidität eines westlich geführten Personal- und Sozialwesens in China ebenso zu hinterfragen, wie das nächste Beispiel zeigt:

Beispiel

Aber auch M&A in China will gelernt sein. Eine chinesische Tochtergesellschaft eines deutschen Traditionsmaschinenbauers übernahm eine Niederlassung eines europäischen Konkurrenten an der Ostküste.

Das Management-Audit ergab u. a., dass die gesetzlichen Sozialbeiträge des Akquisitionsobjektes in der Vergangenheit nur teilweise abgeführt wurden. Der Rest wurde auf Scheinkonten umgeleitet. Ein Jahr nach der Übernahme wurde festgestellt, dass es Gehaltszahlungen an Beschäftigte (Schattenpersonal) gab, die nicht oder nicht mehr in diesem Unternehmen gearbeitet hatten. Nicht wiederzurückführbare Schattengehälter in beträchtlicher Höhe waren das verheerende Ergebnis.

Vor diesem Hintergrund ist es umso wichtiger ein schlagkräftiges Personalwesen vor Ort installiert zu haben, bevor die Personalgewinnung nachhaltig und langfristig erfolgreich werden kann.

Folgende Stationen müssen durchlaufen und zeitlich genau gesteuert werden:

- Erstellung des Anforderungsprofils und der Stellenbeschreibung als Vertriebsleiter
- Einstellungsgespräche
- Einholung von Referenzen

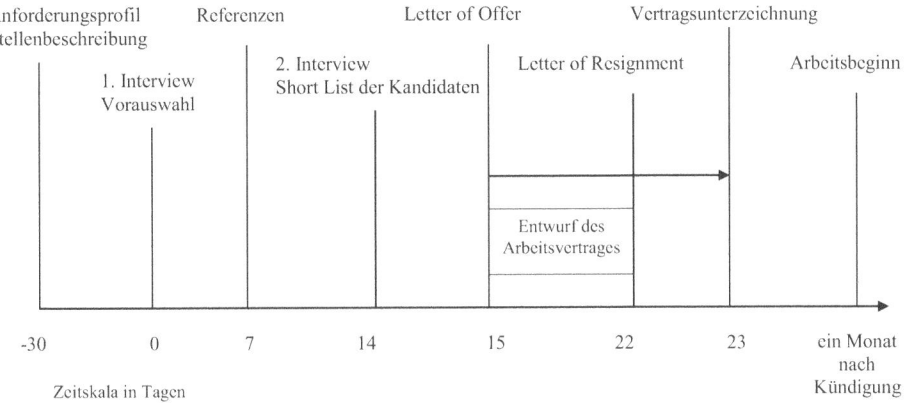

Abb. 5.1 Stationen der Personalrekrutierung

- Short List
- Letter of Offer (LoO)
- Letter of Resignment (Kündigung des Bewerbers beim „vorhergehenden" Arbeitgeber)
- Vertragsunterzeichnung mit dem neuen Arbeitgeber
- Arbeitsbeginn

Die Schwierigkeit bei der Personalrekrutierung besteht in China im Zeitmanagement und im Monitoring der einzelnen Stationen. Sind die Aufgaben wie Personalbedarfs-ermittlung und Ausschreibung bewältigt, kommt es zu mehreren Interviewrunden. Danach wird eine so genannte Short List erstellt, beispielsweise der ersten fünf Kandi-daten, welche die Reihenfolge der Kandidaten festschreibt. Der Managermarkt bedingt, dass viele Unternehmen dazu übergehen, wenn sie zwei gleich hoch qualifizierte Kandi-daten identifiziert haben, auch beiden ein Angebot zu machen, obwohl sie ursprünglich nur einen Mitarbeiter einstellen wollten (Abb. 5.1).

5.1   Anforderungsprofil und Stellenbeschreibung

Ist die Wirtschaftlichkeitsrechnung eines China-Projektes von allen Entscheidungs-trägern im Stammhaus abgesegnet, beginnt die Detaillierung des Personalplans (Beleg-schaftsstärke, Qualifikation, Gehaltsspiegel etc.). Basis der Ermittlung ist neben der operativen Umsatz- und Ergebnisplanung das Organigramm. Die Feasibility Study ist Hauptbestandteil des Investitionsgenehmigungsverfahrens in China und sollte auch den exakten Personalbedarf widerspiegeln. Sie legt die Management-Ebenen fest, die unter dem Geschäftsführer und seinem Vertreter angesiedelt werden sollen: exemplarisch für Abteilungsleiter, Teamleiter etc.

Die Personalplanung sollte auch klar fixieren, wie der Personalmix ausgestaltet werden sollte. Nachfolgend werden zwei Anforderungsprofile, eines für einen deutschen Geschäftsführer und eines für eine lokale chinesische Führungskraft ausführlich erläutert.

5.1.1   Anforderungsprofil eines deutschen Geschäftsführers

Wichtige Erfolgsfaktoren, die bei der Ausfertigung dieses Anforderungsprofils nicht fehlen dürfen, sind eine fundierte berufliche Expertise, eine pädagogische Ader und Improvisationstalent. Im Einzelnen umfasst das Anforderungsprofil die nachfolgenden Bestandteile (Abb. 5.2):

5.1.2   Anforderungsprofil eines lokalen chinesischen Managers in einer Führungsposition

Als entscheidende Kompetenzen für eine Einstellung sind vor allem die nachweisliche Berufserfahrung in einem ausländischen Unternehmen in China und die lokale Vernetzung, beispielsweise Karriere in Kanton, wenn der neue Arbeitgeber seinen Sitz auch an diesem Standort hat (Abb. 5.3).

5.2   Lebensläufe

Am Anfang der Personalauswahl steht die Sichtung von Bewerbungsunterlagen mit dem Lebenslauf. Bei dieser Negativselektion schleichen sich oftmals „handwerklichen Fehler" ein. Bei dem Lebenslauf-Screening ist Nachfolgendes zu beachten:

- Chinesische Lebensläufe sind teilweise nicht vollständig, nicht auf dem neuesten Stand und nicht so strukturiert, wie wir sie gerne erhalten würden.
- Informationen über den aktuellen und/oder den früheren Arbeitgeber sind erklärungsbedürftig: Oftmals fehlen wesentliche Informationen wie z. B. Mitarbeiterzahl, Jahresumsatz oder Homepage.
- Teilweise werden Arbeitsstellen weggelassen oder der Lebenslauf weist zeitliche Lücken auf. Zeitliche Überschneidungen kommen hier und da auch vor.
- Bei den jeweils ausgeübten Tätigkeiten fehlen wichtige Angaben zur Beurteilung der betreffenden Aufgaben wie z. B. Zuständigkeit/Verantwortungsbereich, Ergebnisse/Erfolge und Weiterbildungsmaßnahmen. Dazu gehören auch Leitungsspanne und Einbindung in der Organisation.
- Ein praktikables Instrument bietet das Telefoninterview: Hier können Unklarheiten beseitigt und offene Fragen beantwortet werden.

Anforderungsprofil eines deutschen Geschäftsführers

Fachkompetenz	▪ Erfahrung in unterschiedlichen betrieblichen Positionen („Allrounder") ▪ Bereitschaft zum Transfereigenen Wissens an Dritte („pädagogische Ader") ▪ Berufserfahrungin China, möglichst in vergleichbarer Position
Persönliche Voraussetzung	▪ Reiferes Alter ist in China von Vorteil („Senioritätsprinzip") ▪ Hands-onMentalität(„Anpacken und Vormachen") ▪ Hohes Maß an Eigeninitiative ▪ Improvisationsfähigkeit ▪ Pragmatischer und paternalistischer Führungsstil ▪ Risikobereitschaft und Pioniergeist ▪ Fähigkeit, unterschiedlichen Rollen und Erwartungen gerecht zu werden (Statthalter des Mutterhauses der chin. Tochtergesellschaft, Geschäftsführer ggf. chinesischer Partner im Gemeinschaftsunternehmen) Kommunikativ
Interkulturelle Kompetenz	▪ Sensibilität für die Andersartigkeit der Kultur ▪ Geschick im Erlernen von Fremdsprachen ▪ Ausbaufähige Grundkenntnisse in Mandarin ▪ Interesse an und Affinität zur chinesischen Kultur und Gesellschaft ▪ Bereitschaft zur langfristigen Lebensmittelpunktverlagerung nach China und das Sich-dort-wohlfühlen
Familiäre Bedingungen	▪ Zustimmung und Anpassungsfähigkeit der Familiefür den neuen Lebensraum China ▪ Gefestigte Partnerschaft, die Belastungen standhält

Abb. 5.2 Anforderungsprofil für einen deutschen Geschäftsführer

Eines der chinaspezifischen Rekrutierungsrisiken sind gefälschte Biographien und Abschlusszeugnisse. Aufgrund besserer Berufschancen kommt neben der Lebenslauf-kosmetik auch die Lebenslauflüge hinzu. Sicherlich sollte man niemandem Unrecht tun, doch die Experten schätzen, dass 30 bis 70 % der Lebensläufe (einschl. Zeugnisse) bearbeitet, ergänzt oder fachmännisch gestaltet wurden. Dies differiert innerhalb Chinas von Region zu Region.

Anforderungsprofil eines lokalen chinesischen Managers

Fachkompetenz	▪ Studienabschlüsse vorsichtig beurteilen, Niveau der Universitäten ist sehr unterschiedlich, stark verschult und theoretisch ▪ Westliche Management-Skills ▪ Berufserfahrung in Auslandsunternehmen in China (JV/WFOE) ▪ Hochchinesisch (Mandarin) ▪ Englisch oder Deutsch
Persönliche Voraussetzung	▪ Guanxi: Persönliche Beziehungen und gute Kontakte zu den richtigen Entscheidungsträgern vor Ort, am Standort des Unternehmens ▪ Qualitätsbewusstsein ▪ Verantwortungsbewusstsein ▪ Eigeninitiative ▪ Lernbereitschaft ▪ Loyalität
Interkulturelle Kompetenz	▪ Vermittler zwischen den Kulturen ▪ Chinesische Kultur nicht per se und absolut als überlegen betrachten ▪ Erfahrung in der Zusammenarbeit mit Nicht-Chinesen als Vorgesetzte, Kollegen und in der Teamarbeit ▪ Aneignung der westlichen Managementkultur ▪ Anpassungsfähigkeit an die Unternehmensphilosophie des Arbeitgebers

Abb. 5.3 Anforderungsprofil eines lokalen chinesischen Mangers

---

Praxisbeispiel

Im Jahre 2010 musste die Flugaufsichtsbehörde CAAC konstatieren, dass sich in ihren Reihen viele Schwindler befinden. Mehr als 200 Piloten sind zu Beginn des Jahrzehnts aufgrund von falschen Angaben zur Flugerfahrung eingestellt worden, Medienberichte zufolge. Ferner sollen mehr als die Hälfte der Flugkapitäne der Shenzhen Airlines in der Kritik stehen, nachdem im August eine ihrer Maschinen in Nordchina die Landebahn verfehlte und 42 Menschen zu Tode kamen. Diese Fluggesellschaft soll blind einen Großteil ihres Pilotennachwuchses ausArmeekreisen rekrutiert haben. CAAC ließ verlauten, sie werde zukünftig die Referenzen genauestens prüfen.

Daher sollte die reine Papierform nicht überbewertet werden. Die Herausforderung für das einstellende Unternehmen besteht darin, sich ein tatsächliches Bild von der Leistungsfähigkeit und dem Kompetenzprofil des Bewerbers zu machen. Hierzu sind fachliche Einzel-Assessments und Arbeitsproben hilfreich.

Praxisbeispiele

Im Einzelgespräch zur Suche eines Leiters Finanz- und Rechnungswesen für eine europäische Niederlassung in Taizang werden dem Stellenanwärter chinesische Bilanzen, Gewinn- und Verlustrechnung sowie Cash-Flow-Charts zur Begutachtung vorgelegt.

Im Vorstellungsgespräch zur Besetzung eines technischen Konstrukteurs werden den Kandidaten unter vier Augen jeweils Zeichnungen und ein diesbezüglicher Fragenkatalog zur Verfügung gestellt. Nach einer halbstündigen Bearbeitungszeit wird anhand der Beantwortung und der Kenntnisse die fachliche Expertise der Bewerber überprüft.

Beim CV-Screening ist am weitesten verbreitet die ABC-Methode. Danach werden die Bewerber gemäß den Kriterien des Anforderungsprofils nach bestimmten Kategorien geordnet: A-Kandidaten erfüllen die geforderten Qualifikationen und Arbeitserfahrung vollständig, B-Kandidaten partiell und C-Kandidaten nur unzureichend. In aller Regel werden zum Vorstellungsgespräch A- und auch B-Kandidaten eingeladen.

5.3   Einstellungsgespräch

Im Idealfall sind insgesamt zwei Interviews mit dem Bewerber durchzuführen. Im Erstgespräch wird eine Vorauswahl, meistens von einem Berater, getroffen. Zum ersten Kennenlernen sollte der Bewerber folgende Unterlagen mitbringen:

- Den aktualisierten Lebenslauf, wenn dieser noch nicht vorliegt,
- Diplome und Prüfungszeugnisse,
- den Ausweis,
- den Gehaltsnachweis.

Darüber hinaus dient das Erstgespräch auch der Vorbereitung. Chinesische Unternehmen sind nicht so transparent wie beispielsweise deutsche. Westlichen Interviewpartnern fällt es oft schwer, diese Unternehmen und ihre Produktportfolios zu beurteilen. Es macht Sinn, den Bewerber eine eigene Präsentation vorbereiten zu lassen, in der er seine Vor-Arbeitgeber und sein jeweiliges Arbeitsumfeld vorstellt. In der Regel nimmt der fachliche und disziplinarische Vorgesetzte erst am zweiten Gespräch teil.

5.3.1   Eigenschaften chinesischer Bewerber

Werden verschiedene kulturspezifische Verhaltensweisen der Bewerber anhand von verschiedenen Regionen Chinas angelegt, so ergibt sich ein differenziertes Bild. Die aus den südchinesischen Sonderwirtschaftszonen (SWZ) stammenden Kandidaten zeichnen sich dadurch aus, dass sie eher zur Sache kommen als deren Mitbewerber aus anderen Regionen, ohne Höflichkeiten und persönliche Fragen zu erörtern. Weniger selbstbewusst sind sicherlich Bewerber aus West- beziehungsweise Zentralchina. Auch treten diese oft sehr zurückhaltend auf und neigen weniger zu Rückfragen. In der Regel sprechen die aus Südchina (SWZ) kommenden Kandidaten besser Englisch als diejenigen aus West- und Zentralchina (Abb. 5.4).

Rund 80 % aller chinesischen Bewerber
- sind unsicher und nervös und wirken teilweise introvertiert,
- sind zurückhaltend und bescheiden,
- benötigen eine längere Warming-up-Phase als westliche Bewerber,
- beantworten Fragen oft einsilbig, nur mit ja oder nein,
- stellen wenig Fragen, selbst wenn etwas unklar ist und
- sind normalerweise nicht gewohnt, von Ausländern interviewt zu werden.

5.3.1.1 Sprachkompetenz des Bewerbers

In der Regel sind die Englischkenntnisse bei jedem Kandidaten sehr begrenzt. Auch die besten Manager wie Ingenieure, Betriebswirte etc. haben keine Fremdsprache gelernt. Nur wer Kontakt zum Ausland gehabt hat, beispielsweise in einem Auslandsunternehmen arbeitet und in Englisch kommunizieren muss, der verfügt über Basiskenntnisse.

In Interviews ist die Verteilung der Englischkenntnisse unter den chinesischen Bewerbern erfahrungsgemäß wie in Abb. 5.7 aufgeführt (Abb. 5.5).

Bis zu 15 % der Gesamtpersonalkosten investiert Microsoft in die Englischfortbildungen der chinesischen Mitarbeiter und erhöht damit nachhaltig die Mitarbeiterbindung.

Kulturspezifische Verhaltensmerkmale	Verschiedene Regionen		
	SWZ	Ostküste	West- und Zentralchina
Höflichkeiten austauschen	●	●●	●●●
Personenheterogene Fragestellungen (Familie/ Hobbies etc.)	●●	●●	●●●
Grad der Unterwürfigkeit zum Interviewer	●	●	●●●
Neigung zu Rückfragen des Bewerbers	●●●	●●●	●
Sprachfertigkeit in Englisch	●●●	●●	●

● weniger ausgeprägt, ●● ausgeprägt, ●●● sehr ausgeprägt

Abb. 5.4 Kulturspezifische Verhaltensmerkmale bei Bewerbern nach Regionen

Dos	**Don'ts**
▸ kurze Sätze	▸ lange Monologe ohne Pausen für Übersetzungen
▸ langsam und deutlich	▸ schnell und unklar
▸ strukturierte Statements	▸ von einem Thema zum anderen und zurück springen
▸ Contenance, gleichbleibende Stimmlage	▸ Gefühlsausbrüche
▸ Aufgaben werden jeweils mit einer Terminfestsetzung vergeben	▸ Aufgaben ohne Terminsetzung
▸ Priorisierung der Aufgaben	▸ Aufgaben aufreihen, ohne klar und deutlich zu sagen, welche Aufgabe zuerst bearbeitet werden muss
▸ bei E-Mail-Korrespondenz: Jeweils zu jedem Thema nur eine E-Mail	▸ bei E-Mail-Korrespondenz: verschiedene Themen in einer E-Mail versenden

Abb. 5.5 Dos & Don't in Einstellungsgesprächen

5.3.1.2 Chinesische Dialekte

In China gibt es eine Vielzahl unterschiedlicher Dialekte, deren Sprecher sich untereinander meist nicht verstehen können. Eine Verständigung ist dann nur in der chinesischen Hochsprache (Mandarin) möglich. Aus diesem Grund sollte beim Vorstellungsgespräch sichergestellt werden, dass der potenzielle Mitarbeiter wenigstens die Hochsprache beherrscht.

5.3.2 Verhalten westlicher Interviewer

Mit folgenden Eigenschaften lassen sich die westlichen Interviewer aus Sicht eines chinesischen Bewerbers beschreiben:

Westliche Interviewer
• sind von sich eingenommen,
• haben wenig Verständnis für die Arbeitssituation in China,
• sind zu direkt und ungeduldig und
• gehen zu wenig auf die familiäre Situation des Bewerbers ein.

5.3.2.1 Schwachpunkte der Interviewer

Erfahrungsgemäß sind die westlichen Interviewer nicht optimal auf die Gesprächssituation mit Chinesen vorbereitet. Es ist eine ziemliche Gratwanderung und eine Herausforderung für den Interviewer, zwischen dem Abspulen eines auswendig gelernten Werdegangs und der anfänglichen Nervosität des Bewerbers zu wählen und in die eine oder andere Richtung zu moderieren. In der Tat lässt ein erfahrener Interviewer den

Bewerber zunächst etwas über sich erzählen. Wenn sich die anfängliche Unsicherheit beim Kandidaten gelegt hat, werden Zwischenfragen gestellt.

Die Unzulänglichkeiten zeigen sich, indem die Interviewer

- zu schnell sprechen,
- sich in Monologen ergießen,
- zu wenige Zwischenfragen stellen und kein Feedback einholen,
- leicht in die Sprachfalle tappen: ein Kandidat mit guten Englischkenntnissen wird – obwohl er fachlich schlechter ist – dem Mitbewerber mit schlechten Englischkenntnissen vorgezogen,
- zu wenig Zeit auf die Darstellung der eigenen Firma verwenden, z. B. nicht auf die Strategie und Positionierung in China eingehen,
- der falschen Einschätzung unterliegen, sich gegenüber den Bewerbern (anderer Arbeitgeber) in einem Verkäufermarkt zu befinden,
- bei mehreren anwesenden Interviewern deren Aufgabenbereich und Zuständigkeiten für die Bewerber nicht klar (Relevanz für die Bewerber) abgrenzen, und
- zu wenig oder gar nicht den Lebenslauf des Kandidaten loben oder seine Leistung anerkennen.

5.3.3 Ablauf eines Bewerbungsgesprächs

Nehmen an dem Vorstellungsgespräch seitens des Arbeitgebers mehrere Ansprechpartner teil, so ist es besonders wichtig, im Vorfeld zu klären, wer welchen Themenkreis vorträgt. Es hat sich bewährt, dass beispielsweise der Personalverantwortliche aus dem Stammhaus das Unternehmen präsentiert sowie Schulungs- und Weiterbildungs-möglichkeiten vorstellt. Der direkte Vorgesetzte (Geschäftsführer) sollte ausführlich über die Unternehmensentwicklung in China sprechen und das künftige Wachstum sowie die langfristige China-Strategie herausstellen. Anschauliche Beispiele aus dem Alltag, wie der Vorgesetzte auf chinesische Mitarbeiter eingeht und wie er sie führt, dies alles sind Aktivitäten, die den Bewerber davon überzeugen, dass er sich letzten Endes für das Unternehmen entscheidet.

Für chinesische Manager, die wenig mit ausländischen Konzernstrukturen vertraut sind, ist eine Matrixorganisation ein „Buch mit sieben Siegeln". Anhand eines Organigramms sollten gegebenenfalls fachliche und disziplinarische Vorgesetzte im weltweiten Verbund erklärt werden. Die chinesischen Unternehmensstrukturen kennen die Matrixstruktur teilweise noch nicht. Deshalb haben die Bewerber Probleme, die Gesprächspartner einzuordnen. Ihnen ist diese Matrix weitest gehend fremd.

5.3.3.1 Strukturierung des Bewerbungsgesprächs
Die zeitliche Planung eines Vorstellungsgespräches könnte wie folgt aussehen (Abb. 5.6).

Gesprächsinhalte	Zeit	Gesprächs-anteil
1. Warming-up	8 min.	15 %
2. Vorstellung der Interviewer und Klärung des Ablaufs	2 min.	5 %
3. Präsentation der Unternehmensgruppe	20 min.	30 %
4. Präsentation des Bewerbers	25 min.	40 %
5. Verabschiedung	5 min.	10 %

Abb. 5.6   Ablauf eines Bewerbungsgesprächs

Bei der Gesprächsführung sind folgende Inhalte zu beherzigen:

- Laut, deutlich und langsam sprechen,
- kurze Sätze, keine Monologe formulieren,
- Rückfragen stellen, ob der Bewerber alles verstanden hat,
- höflich und zuvorkommend sein,
- Wichtiges mehrfach wiederholen.

Interkulturelle Kompetenz und professioneller Umgang mit Gesichtswahrung sind Voraussetzung, dass der beste Kandidat für die Position gewonnen werden kann.

Warming-up   Ziel ist, dass der Bewerber seine Nervosität verliert. Dies schafft der Interviewer, indem er dem Bewerber folgende Fragen stellt, die „das Eis brechen" können:

- Sind Sie gut hergekommen?
- Von wo kommen Sie gerade?
- War es für Sie schwierig, den heutigen Termin wahrzunehmen?
- Sind Sie in Shanghai geboren?
- Was machen Ihre Eltern beruflich?
- Wo ist Ihr Ehepartner beschäftigt?
- Welche Hobbys haben Sie?

Dies zu fragen, erscheint vielen HR-Verantwortlichen als selbstverständlich und trivial, im chinesischen Kontext ist dies aber für das weitere Gespräch wesentlich.

Vorstellung der Interviewer und Klärung des Ablaufs   Beim Bewerber Vertrauen zu schaffen und auf seinen Informationsbedarf direkt einzugehen ist entscheidend.

- Es sollte klar herausgestellt werden, wer der disziplinarische und fachliche Vorgesetzte sein wird (Rückfragen stellen).
- Auf die familiäre und persönliche Situation des Bewerbers sollte eingegangen werden, um zu zeigen, dass dies für den Interviewer wichtig ist.
- Nach Klärung des Gesprächsablaufs nachfragen, ob der Bewerber damit einverstanden ist.

Präsentation des zukünftigen Arbeitgebers Die Präsentation des Unternehmens und die Vorstellung der jeweiligen Personen vor den chinesischen Bewerbern sind gut vorzubereiten. Das Mitarbeiter suchende Unternehmen befindet sich im Managermarkt, das heißt, qualifizierte Manager können sich ihren Arbeitgeber aussuchen. Die erste Information für den Bewerber ist die Website, und zwar die des direkten Arbeitgebers in China. Das richtige Employer Branding gibt oft den Ausschlag, ob ein potenzieller Kandidat überhaupt zum Vorstellungsgespräch erscheinen wird. Die Webseite ist im Kampf um die Talente die Visitenkarte des Unternehmens. Sie sollte Aufschluss über Arbeitsplatzbedingungen und außerbetriebliche Aktivitäten geben und die Frage im Vorfeld beantworten, welche Gründe dafür sprechen, Mitarbeiter des Unternehmens zu werden.

Im Einzelnen sind idealerweise vorzubereiten:

- Eine Hochglanzbroschüre über das Unternehmen in Englisch und Chinesisch,
- ein kurzer Filmbeitrag über das Unternehmen,
- die strategische Priorität des Unternehmens auf den Chinamarkt,
- neben wirtschaftlicher Performance ist die mitarbeiterbezogene Entwicklung wichtig (Weiterbildungsratio oder Weiterbildungszeiten etc.),
- Darstellung der Unternehmensentwicklung und des Werdegangs der Interviewer schaffen Vertrauen und fordern den Bewerber auch zur Offenheit auf.

So kann der zukünftige Chef ein persönliches Verhältnis zum Kandidaten aufbauen:

- Handynummern austauschen und Gesprächsbereitschaft signalisieren,
- auf Hobbys des Bewerbers eingehen („Dann gehen wir zusammen Fußball spielen"),
- Karriere-Chancen bei beruflichem Erfolg in Aussicht stellen (konkret!),
- Schulung im Ausland planen,
- MBA-Studiengang anbieten,
- jedem interessant erscheinenden Kandidaten sollte versichert werden, dass er der einzige Favorit ist, und es sollte ihm glaubhaft dargelegt werden, wieso er es ist.

Zeit für die Ansprache an den Bewerber Oft vernachlässigt werden folgende Fragestellungen beim Bewerbungsgespräch:

- Lob der Leistungen des Bewerbers,
- dem Bewerber sollte ausreichend Zeit zur Selbstdarstellung gegeben werden: „Erzählen Sie bitte etwas von sich",

- Nachfragen nach beruflichen Erfolgen („achievements"),
- Schilderung des Ablaufs eines normalen Arbeitstages,
- Gründe für den Arbeitsplatzwechsel,
- Erläuterung des Mitarbeiterbindungsprogramms (z. B. Förderung des Eigenheims durch den Arbeitgeber),
- Schulungen, Training, und andere Fortbildungen im In- und Ausland,
- die Motivation für den neuen Arbeitgeber, ob beispielsweise der Wechsel vom chinesischen Hauptkonkurrenten dadurch beeinflusst ist, nach Know-how-Abfluss wieder zu diesem zurückzukehren.

Verabschiedung Auf alle Fälle sollte bei der Verabschiedung Interesse signalisiert werden. Für das Kommen des Kandidaten ist explizit zu danken und dafür, dass sich der Bewerber die Zeit genommen hat. Ihm sollte binnen einer Woche eine Rückmeldung gegeben werden. Chinesische Bewerber wollen gerne hören, dass sie auf der Liste ganz oben stehen. Daher empfiehlt es sich, dem Bewerber das sichere Gefühl zu geben, dass er genommen wird.

5.3.4 Terminierung von Bewerbungsgesprächen

Folgende Empfehlungen zur Optimierung von Interviews können von Nutzen sein (Abb. 5.7):

Verkehrsstörungen können auch zu Verspätungen der Kandidaten führen. Durch dauerndem Telefonkontakt mit dem Kandidaten kann flexibel auf die eine oder andere Veränderung reagiert werden.

Andere Erfolgsfaktoren beim Interview sind:

- die Bewerbungsunterlagen vor dem Gespräch nochmals durchgehen,
- adäquater Konferenzraum in einem guten Hotel,

Vormittags	**09:00 bis 12:00**
Nachmittags	13:30 bis 17:30
Abends	19:00 bis 21:00
Dauer des Gesprächs	In der Regel 60 min.
Organisation	▪ Die Kandidaten sollten sich nicht begegnen. Zum reibungslosen Ablauf wird der Kandidat 20 Minuten vor dem eigentlichen Termin eingeladen. ▪ Konferenzraum im Hotel als Ort des Gesprächs ist empfehlenswert. ▪ Handynummer des Bewerbers zur Verfügung haben.

Abb. 5.7 Zeitrahmen des Bewerbungsgesprächs

- sich genug Zeit für den Kandidaten nehmen,
- Vorteile des Unternehmens aus Sicht des Bewerbers herausstellen,
- langfristige Karriereplanung offerieren,
- Möglichkeiten zur Schulung und Training im In- sowie Ausland glaubhaft darstellen.

5.3.5   Erfahrungswerte bei der Führung von Bewerbungsgesprächen

Bereits im Jahr 2007 wurde eine Umfrage zu Fragestellungen bei Bewerbungs-
gesprächen mit chinesischen Managern durchgeführt. 2014 wurde mit 50 ausländischen
Führungskräften, die in China stationiert sind, diese Befragung wiederholt (Abb. 5.8).

1. Wie ist die Bewerbung in das Unternehmen gelangt? Es wurde bei einem Drittel
der befragten Unternehmen festgestellt, dass

- die Bewerber informelle Kontakte („Guanxi") nutzen; sie kennen jemanden in der
  Firma, oder
- der chinesische Partner Bewerbungen in die Personalabteilung vorschlägt,
- der Personalchef von Bekannten oder Verwandten auf die Stellensuche angesprochen
  wird, oder
- die Stadtregierung Interesse hat, dass ein bestimmter Kandidat die Stelle erhält.

Fragestellung	Problematisierung der befragten Unternehmen (in %)	
	Umfrage 2007	Umfrage 2014
1. Wie ist die Bewerbung in das Unternehmen gelangt?	45	33
2. Wie wurde die Kommunikation mit dem Kandidaten gelöst?	70	65
3. Wie werden die Bewerbungsunterlagen einer internen Prüfung unterzogen?	60	50
4. Wie kam es zu einer Gesprächsführung beim Vorstellungsgespräch?	20	20
5. Wie wurde der Kandidat insgesamt beurteilt?	20	25
6. Wie wurden die Hochschulzeugnisse auf deren Echtheit geprüft?	40	30
7. Wird ein Ranking chinesischer Universitäten zur Qualitätsbeurteilung des Abschlusses miteinbezogen?	30	25

Abb. 5.8 Vergleich der Umfrageergebnisse 2014 und 2007

2. Wie wurde die Kommunikation mit dem Kandidaten gelöst? Das Problem trat bei 65 % der Unternehmen auf:

- Die meisten nach China entsandten Führungskräfte sprechen wenig bis überhaupt kein Mandarin.
- der größte Teil der Bewerber spricht nur schlecht Englisch.
- die Kommunikation geht über Dolmetscher.
- im Vergleich zum Umfrageergebnis 2007 hat sich das Niveau der Englischkenntnisse der chinesischen Bewerber etwas verbessert. Viele „Old China Hands" sprechen ihrerseits auch Chinesisch.

3. Wie werden die Bewerbungsunterlagen einer internen Prüfung unterzogen? Die Hälfte der befragten Unternehmen haben dabei Probleme:

- die Unterlagen sind auf Chinesisch,
- der Lebenslauf wurde in Chinesisch geschickt und musste übersetzt werden,
- im Vergleich zu 2007 wurden Bewerbungsunterlagen teilweise „radebrechend" ins Englische übersetzt.

4. Wie kam es zu einer Gesprächsführung beim Vorstellungsgespräch? Das Problem trat bei 20 % der Unternehmen auf: Entscheidend hierbei war, ob ein Dolmetscher anwesend und das Vorstellungsgespräch durch die Personalseite gut vorbereitet war.

5. Wie wurde der Kandidat insgesamt beurteilt? Das Problem betraf nur 25 % der Unternehmen: Nur bei vielen Unbekannten und unter Einbeziehung chinesischer Mitarbeiter konnte eine Gesamtbeurteilung des Gesprächs erzielt werden.

6. Wie wurden die Hochschulzeugnisse auf deren Echtheit geprüft? Dieses Problem kam nur bei 30 % der Unternehmen zum Tragen: Schätzungsweise 30 bis 70 % der Hochschulzeugnisse sind je nach Region gefälscht. (Die Fälschungsrate wird nicht öffentlich diskutiert, viele Personalverantwortliche wissen um das Problem!). Insbesondere kann es bei genauer Lektüre des Lebenslaufes (CV) vorkommen, dass Lücken sichtbar werden. Außerdem wird die Verbleibdauer in manchen Fällen in den Unternehmen „künstlich" verlängert.

7. Wird ein Ranking chinesischer Universitäten zur Qualitätsbeurteilung des Abschlusses miteinbezogen? Dieses Thema wurde nur bei einem Viertel der befragten Unternehmen problematisiert. Im Vergleich zum Jahr 2007 ziehen Personalabteilungen zur Beurteilung chinesischer Bewerber eine Rankingliste zu Rate. Diese gehört zu den Beurteilungskriterien für die Qualifikation eines Bewerbers.

Durch die oben genannten Punkte wird deutlich, dass die Kommunikation mit dem Kandidaten und die Kulturunterschiede die meisten Probleme bereiten. Die Sprache als wesentliches Hindernis bei der Beurteilung des Bewerbers und seiner Dokumente. Auch das chinesische Beziehungsgeflecht zu durchschauen, ist eine hohe Hürde, über die ein in China stationierter Manager springen muss, um über die Einstellung von Personal befinden zu können.

Den ausländischen Vorgesetzten ist mehr als bewusst, dass die Echtheit der Zeugnisse der Bewerber ein Thema sein könnte; hier ist das Problembewusstsein 2014 ausgeprägter, als 2007. Das Ranking der Universitäten als Beurteilungskriterium heranzuziehen, ist nun stärker verbreitet.

Gerade Einstellungsgespräche sind für ausländische Manager nicht einfach zu bewältigen. Externe, professionelle Unterstützung kann Vorbereitung und Auswahl erleichtern und zum Erfolg führen.

5.4   Referenzen

Zwischen dem ersten Sondierungsgespräch und dem der Entscheidung sollten von den Kandidaten, die zum zweiten Gespräch eingeladen werden, Referenzen abgefragt werden. Bei der Anforderung von Referenzen ist auf Folgendes Wert zu legen:

- In China ist die Anfertigung von Arbeitszeugnissen nicht üblich. Informationen über den Kandidaten werden durch Referenzen eingeholt. Aus diesem Grund ist es wichtig, von jedem Lebensabschnitt eine Referenzperson genannt zu bekommen.
- Je nach Region – im Süden mehr verbreitet als im Norden – werden Hochschulzeugnisse und Lebensläufe gerne frisiert.

Das Referenzeinholen dient auch dem Plausibilitätscheck und der Überprüfung des Lebenslaufs und Karriereschritte. Etwaige Ungereimtheiten können im Zweitgespräch angesprochen werden. Auf Grund der schlechten Erreichbarkeit der Referenzgeber und der intensiven sowie detaillierten Gesprächslänge ist die Zeit zwischen den Interviews meistens zu kurz bemessen. Das Einholen von Referenzen bei früheren Arbeitgebern kostet i. d. R dreimal so viel Zeit wie in Deutschland.

5.5   Die Referenzperson ist nicht immer der Gärtner

▶   Worauf ist bei der Einholung von Referenzen besonders zu achten?

Die Zahl chinesischer Mitarbeiter in ausländischen Tochterunternehmen hat mit über 40 Millionen einen neuen Höchststand erreicht. Der Wettbewerb um wirkliche Talente und Leistungsbringer in den attraktiven Wirtschaftsregionen um Shanghai, Guangzhou, Peking sowie in anderen

Investitionshochburgen spitzt sich seit Jahren zu. Gerade europäische Unternehmen beklagen die mangelnde Transparenz in Lebensläufen und die immer mehr um sich greifende Lebenslauf-Kosmetik chinesischer Nachwuchskräfte. Um mehr Licht ins Dunkel zu bringen, kann zielorientiertes Einholen von Referenzen einen wesentlichen Beitrag zur validen Beurteilung von zukünftigem Managementpersonal leisten, wie die beiden folgenden Praxisbeispiele zeigen.

Gerade bei der Besetzung der zweiten Managementebene in einem großen Shanghai Compound war der Referenzgeber ein hochqualifizierter, echter Gärtner. Die dortige Personalabteilung sollte vor der Einstellung eines Kandidaten Referenzen einholen, zumal das Jobprofil sehr anspruchsvoll war. Der Gartenbaudirektor sollte neben den üblichen Qualifikationen ein sehr großes Aufgabenspektrum abdecken, und das in voller Verantwortung für sämtliche Grünanlagen, Golf- sowie Tennisplätze und deren Bewässerungssysteme, unterstützt von seinem mehrköpfigen Team. Ergänzende Persönlichkeitsaspekte sollten eingeholt werden sowie die Überprüfung, inwieweit der Zukünftige zur Bewältigung seines neuen Aufgabenbereichs über die entsprechende Erfahrung und Erfahrungsgeschichte (Track Record) verfügt. Ein ehemaliger Kollege bei seinem vorhergehenden Arbeitgeber war am besten geeignet, den Bewerber zu beurteilen. Als Expatriate bestätigte er genau die Punkte, welche dem zukünftigen Unternehmen besonders wichtig waren und sicherte somit wesentliche Aspekte mit diesem Fremdurteil ab. Auch erwies sich diese Auskunft für die Überprüfung wesentlicher Punkte des Lebenslaufes als besonders aufschlussreich, insbesondere im Vergleich mit anderen Referenzen. Auf diese Weise wurden die vom Kandidaten dargestellten Inhalte mit denen des Referenzgebers mosaikartig abgeglichen.

Ganz anders verhielt es sich mit der Auskunftsperson bei der Besetzung eines Abteilungsleiters in Nordostchina. In einem 100%igen Tochterunternehmen in Shenyang, stand die Personalrekrutierung eines Abteilungsleiters für das Lagerwesen (m/w) an. Dieser Führungskraft obliegt die Verantwortung über die Lagerung und die Stellplätze der Waren sowie die Führung einer 20-köpfigen Abteilung. Als Ordnungshüter sind seine konkreten Aufgabengebiete und die seines Teams vielschichtig. So gehört u. a. dazu: Warenempfang, Inhaltskontrolle auf Vollständigkeit und Unversehrtheit, sachgerechte Lagerung, Aus- und Verpacken sowie die gesamte Versandvorbereitung für ausgehende Waren. Herr Wang war als Wunschkandidat unter 10 weiteren Kandidaten auserkoren. Er brillierte im Vorstellungsgespräch und konnte einen idealen Lebenslauf vorweisen. Als Referenz gab er einen gewissen Herrn Dong an. Die Personalsachbearbeiterin rief ihn auf seinem Handy an. Herr Dong wusste bestens Bescheid über Arbeitgeber und Tätigkeiten von Herrn Wang. Er betete den Lebenslauf herunter, als hätte er ihn direkt vor sich liegen.

Was leider zu spät herauskam, ist, dass Herr Wang seinen „Gärtner" gebeten hatte, im Telefongespräch diese sachdienlichen Informationen an den zukünftigen Arbeitgeber weiterzugeben. So gelangte er durch gefälschte Urkunden und gefällige Referenzauskünfte in das Gießerei-Unternehmen. Kaum war Herr Wang in seiner neuen Position, schleuste er seinen Komplizen, Herrn Dong, als Lagerist ein. Nach kurzer Zeit verschwanden Roh-, Hilfs- und Betriebsstoffe der Gießerei in Höhe von mehreren Millionen

Euro an einem Wochenende im Monat Februar. Personalchef und Geschäftsführer waren fassungslos angesichts des hohen Vermögensschadens. Hinzu kam, dass dieser Diebstahl zur großen Verärgerung deutscher Kunden führte. In Deutschland beschwerten sich die Kunden.

Es muss nicht so eintreffen, wie im oben beschriebenen zweiten Beispiel. Dennoch sind Achtsamkeit und Sorgfaltspflicht bei Einstellung neuer Mitarbeitern in hohem Maße erforderlich, gilt es doch solche Fälle gezielt zu vermeiden.

Lessons Learnt
Zwischen dem ersten Sondierungsgespräch und der Entscheidung sollten, vor einem zweiten Gespräch mit dem Kandidaten, qualifizierte Referenzen eingeholt werden. Beim Einholen von Referenzen gilt es besonders auf folgende Aspekte zu achten:

- In China ist die Anfertigung von Arbeitszeugnissen nicht üblich. Informationen über den Kandidaten werden durch Referenzen eingeholt. Aus diesem Grund ist es wichtig, von jedem Lebensabschnitt eine entsprechende Referenzperson genannt zu bekommen.
- Je nach Region – im Süden mehr verbreitet als im Norden – werden Hochschulzeugnisse und Lebensläufe häufig „frisiert".
- Beim Einholen von Referenzen in China gilt es nicht nur auf die einzelnen Punkte zu achten, die erfragt werden sollen, sondern auch auf die Art und Weise, wie diese formuliert werden. Wenn alles wie aus der Pistole geschossen kommt, wie in dem obigen Beispiel, wirkt das nicht gerade glaubwürdig, da aber hilft geschicktes Hinterfragen.

Das Einholen von Referenzen dient auch dem Plausibilitätscheck sowie der Überprüfung des Lebenslaufs und der Karriereschritte. Etwaige Ungereimtheiten können im Zweitgespräch angesprochen werden. Dabei erweist sich die schlechte Erreichbarkeit der Referenzgeber, um mit ihnen intensive und detaillierte Gespräche führen zu können, als viel zu kurz. So beansprucht das Einholen von Referenzen bei früheren Arbeitgebern i. d. R dreimal so viel Zeit wie in Deutschland.

5.6   Angebot

Möglichst direkt nach dem Einstellungsgespräch sollte ein schriftliches Angebot, ein „Letter of Offer" (LoO) an den ausgewählten Kandidaten gesandt werden. Dies ist eine solide Basis für eine vertrauensvolle und beiderseits verbindliche Zusammenarbeit. Es bildet die Grundlage für die Kündigung des Kandidaten bei seinem bisherigen Arbeitgeber. Eine kurze Frist ist auch deshalb wichtig, weil es häufig vorkommt, dass Kandidaten das Angebot schriftlich akzeptieren, dann aber versuchen, mit dieser Sicherheit parallel mit anderen Unternehmen oder mit dem gegenwärtigen Arbeitgeber bessere Konditionen zu erzielen. Gelingt dies, springen die Kandidaten im letzten Moment noch ab. In dieser nicht selten vorkommenden Situation ist es wichtig, einen Reserve-kandidaten zu haben, dessen Einstellungsgespräch noch nicht lange zurück liegt.

Folgende Bestandteile des Letter of Offer verdienen besondere Aufmerksamkeit:

- **Detaillierte Positionsnennung.** Hier muss der Kandidat präzise die im Vorstellungs-gespräch angebotene Position wiederfinden.
- **Bruttogehaltshöhe im Monat.** Wesentlich ist, wie oft dieses Gehalt im Jahr gezahlt wird. Die Regel sind ein bis zwei zusätzliche Gehälter zum Jahresgehalt, also 13 bis 14 Monatsgehälter pro Jahr. Auch der Zusatz, dass die Einkommenssteuer selbst zu entrichten ist, vermeidet Missverständnisse.
- **Fixer Bestandteil und variable Vergütung.** Es ist wichtig klarzustellen, aus welchen Bestandteilen das gesamte Bruttogehalt besteht.
- **Personalzusatzkosten.** Diese können regional sehr unterschiedlich ausfallen. Im zuständigen Municipal Labour & Social Security Bureau können die präzisen Pro-zentsätze erfragt werden, die darüber Auskunft geben, wie viel jeweils Arbeitgeber und Arbeitnehmer gesetzlich in die Renten- und Arbeitslosenfonds etc. einzahlen müssen.

Nach erfolgreichem Personalgespräch wird relativ kurzfristig der Letter of Offer an den ersten Stellenanwärter (auf der Liste) geschickt, der diesen schriftlich gegenzeichnen muss. Dann empfiehlt es sich, den Kontakt mit dem Stellenanwärter aufrechtzuerhalten, um zu erfahren, ob er konsequenterweise seine Kündigung schriftlich abgegeben hat. Noch vor Arbeitsbeginn muss der Arbeitsvertrag auf der Basis der im LoO fixierten Kon-ditionen ausgefertigt und unterschrieben sein.

5.7 Kündigung

Gerade in der Zeit vor und nach dem chinesischen Neujahr kommt es regelmäßig zu Kündi-gungen chinesischer Mitarbeiter. Das 13. und 14. Monatsgehalt – der Jahresbonus – werden in diesem Zeitraum an die Mitarbeiter ausbezahlt. Der chinesische Angestellte weiß, dass er riskiert, seinen Jahresbonus nicht zu erhalten, wenn er vor dem Frühlingsfest (Ende Januar bzw. Anfang Februar) die Firma verlässt. Also wartet er bis nach der Auszahlung und kün-digt dann. Unternehmen sollten Mitarbeitergespräche am Ende des Kalenderjahres führen, um so früh wie möglich von potenziellen Wechslern eindeutige Signale zu erhalten. Denn sollte ein Mitarbeiter unzufrieden sein, kann dies so frühzeitig festgestellt werden. Durch eine Verbesserung der Konditionen kann dann ein drohendes Abwandern vermieden werden.

Auslöser ist auch oft, dass den chinesischen Managern der Bonus anteilsmäßig gemäß Betriebszugehörigkeit bezahlt wird. Der Mitarbeiter, der gerade die Probezeit von drei Monaten hinter sich hat, erwartet nicht ein Viertel – für 3 Monate – sondern einen vollen Bonus, als hätte er bereits zwölf Monate gearbeitet. Die anteilige Auszahlung stößt beim Mitarbeiter auf Unverständnis.

Sollte dennoch der Mitarbeiter kündigen, so ist darauf zu achten, dass er nicht seine für das Unternehmen angefertigten Dateien zum neuen Arbeitgeber mitnimmt. Chinesische Mitarbeiter betrachten ihre Dateien als ihr Eigentum und nicht als Eigentum des beschäftigenden Unternehmens.

5.8   Vertragsabschluss

Grundlagen für den Vertragsabschluss sind das Einstellungsgespräch und die im Letter of Offer (LoO) fixierten Konditionen. Der beidseitig gegengezeichnete LoO beinhaltet bereits die elementaren Vertragskonditionen. In China gilt gemäß der jeweiligen Provinz ein ganz bestimmter vom Arbeitsbüro (Labour Bureau) vorgegebener Standardarbeitsvertrag. Diese Standardarbeitsverträge sind in der Regel sehr arbeitnehmerfreundlich und beinhalten unter anderem keine Geheimhaltungs-verpflichtung und kein Wettbewerbsverbot. Es ist zu empfehlen, diesbezüglich die Expertise eines Anwalts einzuholen.

Die Schriftform des Arbeitsvertrages und die beidseitige Unterschrift sind zwingende Voraussetzung für das Arbeitsverhältnis. Gemäß dem neuen am 1. Januar 2008 in Kraft getretenen Arbeitsvertragsgesetz der Volksrepublik China muss der Arbeitgeber seinem Mitarbeiter das doppelte Gehalt bezahlen, wenn kein Arbeitsvertrag in schriftlicher Form beidseitig unterschrieben vorliegt.

5.9   Arbeitsbeginn

Der Einführung des neuen Mitarbeiters und der Bekanntmachung mit Kollegen kommt eine große Bedeutung zu. Beim Arbeitsantritt wird der neue Mitarbeiter auch dem Höchsten im Unternehmen – aus Sicht des Mitarbeiters dem Familienoberhaupt – vorgestellt. Idealerweise wird die Vorstellung gemäß Hierarchie durchgeführt: zuerst der Geschäftsführer, dann der Abteilungsleiter und schließlich der Kollegenkreis. Sehr gut kommt die Begrüßung des neuen Mitarbeiters auf der Webseite des Unternehmens an. Die zeigt dem Neuen, dass er nicht als Nummer wahrgenommen wird.

Literatur

Karl, Waldkirch. 2018. Personalsuche: Vorsicht bei Referenzen! China, S. 72–73

Von der Führungsqualität eines Vorgesetzten hängt es ab, wie erfolgreich das Auslandsunternehmen in China wird. Eine entscheidende Rolle spielt dabei sein Fingerspitzengefühl für chinesische Mitarbeiter, wie sie zu gewinnen und zu begeistern sind. Einzelne Fehlbesetzungen im Führungskreis in China erhöhen automatisch die dortige Fluktuationsrate im gesamten Unternehmen.

6.1 Führungsstile

Es lassen sich generell folgende Führungsstile unterscheiden:

- Der *kooperative Führungsstil* setzt auf die Zusammenarbeit zwischen Mitarbeiter und dem Vorgesetzten. Vom Mitarbeiter werden verantwortungsvolles, selbständiges Handeln, Vorschläge und Kritik erwartet. Die Mitarbeiter werden in die Entscheidungsfindung mit eingebunden.
- Beim *autoritären Führungsstil* ist die Macht beim Vorgesetzten konzentriert. Befehle werden nicht hinterfragt. Die Mitarbeiter müssen Anweisungen ausführen, ohne über deren Sinn nachzudenken und ohne Verantwortung zu übernehmen.
- *Paternalistischer Führungsstil* heißt Mitarbeiterführung, wie früher ein Vater (Pater) seine Familie führte. Es gibt gegenseitige Verpflichtungen. Der Vorgesetzte muss sich um den Mitarbeiter und seine Familie kümmern, das heißt, er steht in einer relativ engen Beziehung mit ihm. Er muss die Mitarbeiter und ihre Arbeit im Auge behalten. Von den Mitarbeitern wird Treue und Loyalität erwartet. Der paternalistische Führungsstil verbindet autokratisches Führungsverhalten mit gegenseitiger Verpflichtung und strikter Loyalität.

© Springer Fachmedien Wiesbaden GmbH, ein Teil von Springer Nature 2018
K. Waldkirch, *Erfolgreiches Personalmanagement in China,*
https://doi.org/10.1007/978-3-658-23043-2_6

6.2   Der ideale Führungsstil in China

Mitarbeiterführung in China bedeutet, durch das eigene positive Beispiel, mit vorbildlicher Selbstdisziplin und Überzeugung zu führen. Der kooperative Führungsstil wird oft als Schwäche des Vorgesetzten ausgelegt. Der pluralistische Meinungsbildungsprozess zur Entscheidungsfindung wird so von den Mitarbeitern interpretiert, als wüsste der Vorgesetzte nicht mehr weiter. Der Vorgesetzte muss Vertrauenswürdigkeit und Kompetenz in allen Fragen ausstrahlen. Als ein „pater familias" hat er die Belange der Mitarbeiter immer im Blickfeld zu haben. Er verfolgt Problemlösungen, die immer für alle Beteiligten ohne Gesichtsverlust angestrebt werden können.

▶   Das Führen in China bedeutet, den Chinesen als Familienmenschen in ihrer
       Erwartungshaltung zu entsprechen.

Eine Umfrage (2014) unter 100 Geschäftsführern deutscher Tochtergesellschaften hat bestätigt, dass beinahe jeder zweite befragte ausländische Geschäftsführer Chinesen (46 %) autoritär führt und mehr als jeder Dritte es am besten findet, seine Mitarbeiter zu führen wie ein Vater seine Familie (39 % paternalistischer Führungsstil). Dem kooperativen Führungsstil wird nur eine geringe Bedeutung beigemessen (15 %). Im Jahr 2008 wurde die Umfrage wiederholt, und zwar fokussiert auf Mitarbeiter verschiedener Regionen Chinas. Im Vergleich zu der Erhebung im Kreise der Geschäftsführer wurden jetzt die Adressaten befragt, wie diese unterschiedlichen Führungsstile bei ihnen ankommen (Abb. 6.1).

Tausend chinesische Manager aus unterschiedlichen Regionen Chinas, die sich auf Arbeitssuche befanden, wurden 2008 interviewt. Hinsichtlich des Führungsstils war die Sichtweise regionsbezogen differenziert. In Nordost- und in Westchina ist der autoritäre und paternalistische Führungsstil sehr ausgeprägt. Kooperativ zu führen, ist in den Unternehmen in Südchina, respektive in der Provinz Guangdong und in den dortigen Sonderwirtschaftszonen wie Shenzhen, Shekou, Zhuhai, Shantou etc. sehr viel mehr verbreitet als an der Ostküste.

Den idealen Führungsstil für Auslandsunternehmen in China gibt es nicht. Dazu ist China zu groß, beheimatet zu unterschiedliche Mentalitäten und Ethnien. Außerdem spielen auch noch andere Faktoren, wie die Rechtsform des Unternehmens, die Branche etc., eine Rolle. Es gibt aber verschiedene Indikatoren für den idealen Führungsstil in einem

Führungsstil	Westchina	Ostküste	Südchina	SWZ	Nordostchina
Paternalistisch	+	++	+	+	+++
Autoritär	+++	++	+	+	+++
Kooperativ	+	++	++	+++	+

+ weniger ausgeprägt ++ ausgeprägt +++ sehr ausgeprägt

Abb. 6.1 Präferierte Führungsstile in Chinas Regionen

konkreten Fall. Diese Indikatoren lassen zahlreiche Rückschlüsse auf diesen Führungsstil zu, der für ein ganz bestimmtes Unternehmen geeignet ist. U. a. sind folgende Indikatoren hervorzuheben:

- **Unternehmensform**
  Hat ein chinesischer Partner einen starken Einfluss auf das Management eines Gemeinschaftsunternehmens, so wird die Führung eher paternalistisch geprägt sein als kooperativ, wie beispielsweise in einem 100 %igen Tochterunternehmen.
- **Branche**
  In traditionellen, alten Branchen wie dem Bergbau oder der Ölförderung ist ein autoritärer Führungsstil in China öfter anzutreffen. In diesen Sektoren sind Unternehmen von der Eigentümerstruktur her sehr staatlich und bürokratisch geprägt und richten sich streng nach Kommando- sowie Planvorgaben. Im krassen Gegensatz dazu verhält es sich im Dienstleistungsbereich, wie IT oder in der Werbung. Dort ist es wahrscheinlich, dass mit den Mitarbeitern kooperativ umgegangen wird.
- **Standort**
  In Regionen, in denen marktwirtschaftliche Elemente, leistungsorientierte Entlohnung und westliches Management auch in den dortigen Unternehmen eingeführt wurde, ist eher mit kooperativer Führung zu rechnen, als auf dem Land im noch nicht sehr entwickelten Westchina (Abb. 6.2).

Neben diesen drei Indikatoren haben aber auch andere Einflussfaktoren ein starkes Gewicht. Sicherlich spielt eine Rolle, wie lange das Unternehmen bereits tätig ist, auch die Altersstruktur der Belegschaft und ob die Organisationsstruktur des Unternehmens eher flache Hierarchie-Ebenen aufweist. Natürlich kommt es auf die Persönlichkeit des Vorgesetzten an, die den Ton im Unternehmen angibt.

Unterscheidungs-merkmale	Autoritärer Führungsstil	Paternalistischer Führungsstil	Kooperativer Führungsstil
Rechtsform	Staatsunternehmen	Joint Venture	100%iges Tochterunternehmen
Grad des westlichen Managements	„Eiserne Reisschüssel"	Belegschaft teilweise übernommen	Belegschaft neu eingestellt
Sektor	Bergbau, Erdöl (planwirtschaftlich geprägt)	Maschinenbau/Automobil	IT, Werbung, RP
Region	Ländlich geprägt, Westchina	Ostküste, Zentralchina	Metropolen, Sonderwirtschaftszonen
Altersstruktur der Belegschaft	Überwiegend ältere Mitarbeiter		Überwiegend jüngere Mitarbeiter
Durchschnittsalter des Managements	hoch	mittel	niedrig

Abb. 6.2 Tendenzen im Führungsstil anhand verschiedener Unternehmensmerkmale

6.3   Beliebtheitsskala nicht-chinesischer Vorgesetzter

Die gegenseitige Wertschätzung beider Nationen, die des westlichen Vorgesetzten und die des chinesischen Mitarbeiters, ist eine sehr gute Voraussetzung für den Erfolg in der langfristigen Zusammenarbeit. Die Deutschen haben einen sehr guten Ruf bei den Chinesen. Sie gelten als aufrichtig, detailbeflissen, und der deutsche Ingenieur ist Garant für deutsche Wertarbeit (Made in Germany). Für die Chinesen stehen die Deutschen auf Platz eins, weil sie erfolgreich die Kolonie Qingdao (1907–1914) aufgebaut haben und wegen der hohen Qualität deutscher Produkte, die immer noch ein hohes Ansehen genießen. In den Augen der Chinesen sind die Manager der deutschsprachigen EU-Länder, gefolgt von anderen EU-Mitgliedsstaaten und USA besonders beliebt (siehe Abb. 6.3).

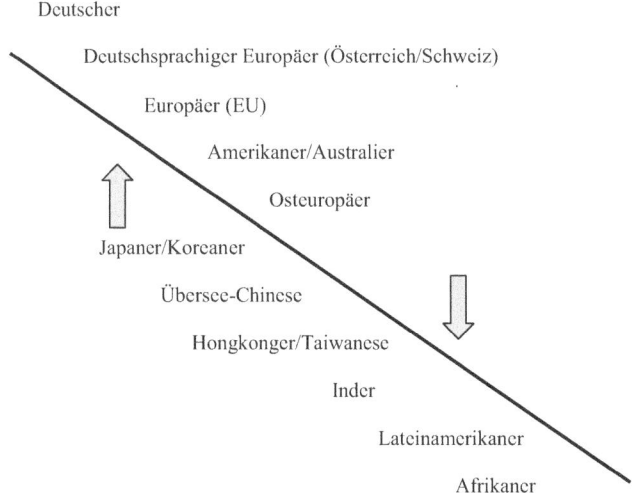

Abb. 6.3 Beliebtheitsskala nicht-chinesischer Vorgesetzter. (Die abgebildete Beliebtheitsskala resultiert aus einer Umfrage von 1000 chinesischen Bewerbern, die im Jahr 2007 befragt wurden)

Schulung chinesischer Mitarbeiter

7

Die Schulung von Mitarbeitern eigener chinesischer Tochterunternehmen hat westliche Investoren viel Lehrgeld zahlen lassen. Einerseits waren die hiesigen Unternehmen auf den chinesischen Ansturm nicht ausreichend vorbereitet: Personalressourcen in Form von Trainern und zur Betreuung fehlten, die Trainings-Dokumentation war in deutscher Sprache verfasst, obwohl nur wenige Delegationsteilnehmer überhaupt des Englischen mächtig waren. Andererseits musste schmerzlich konstatiert werden: Die Trainer wussten nicht, wie Chinesen am besten Wissen aufnehmen und waren schlechthin nicht vorbereitet. All diese Unzulänglichkeiten führten zu suboptimalen Ergebnissen und zu beidseitiger Frustration. Zur besseren Vorbereitung von Trainings in China und außerhalb sind nachfolgend einige Hinweise aufgeführt.

7.1 Rolle des Lehrers und des Schülers seit 3000 Jahren

7.1.1 Die Rolle des ehrwürdigen Lehrers

Der Lehrer genoss und genießt gesellschaftlich in China das höchste Ansehen. Ähnlich wie der Dorflehrer in hiesigen Breitengraden, der immer besser Bescheid wusste als andere und als bester Ansprechpartner für alle Themen in allen Lebenslagen galt.

Die beiden Zeichen für Lehrer *laoshi* 老师 (altehrwürdiger Meister) zeigen den Respekt, den man Lehrern im traditionellen China erwies. Schüler sollen dem Lehrer Gehorsam und Ehrerbietung entgegenbringen. Schon bei Konfuzius in den gesammelten Gesprächen (Lun Yu) heißt es: „Bei dem Weg allen Lernens ist die Schwierigkeit, dass der Lehrer gefürchtet wird." Das heißt, im alten China des Konfuzius war nicht der Lerninhalt motivierend, sondern allein die Ehrfurcht vor dem Lehrer bestimmte die Lerngeschwindigkeit.

© Springer Fachmedien Wiesbaden GmbH, ein Teil von Springer Nature 2018
K. Waldkirch, *Erfolgreiches Personalmanagement in China*,
https://doi.org/10.1007/978-3-658-23043-2_7

7.1.2   Der moderne Lehrer als Vorbild

Auch im modernen China beschränkt sich die Beziehung des Lehrers zu seinen Schülern nicht nur auf die rein sachliche Ebene und den Unterrichtsinhalt. Der Lehrer übernimmt vielmehr eine Vaterrolle, in der Strenge und Güte vereint werden. Er kümmert sich auch um die allgemeine Entwicklung der Schüler und hat immer ein offenes Ohr für private Probleme. So ist das Verhalten des Lehrers von höchster Bedeutung, da er immer ein Vorbild ist. Er muss integer sein und Ausstrahlungskraft besitzen. Schüler wie Lehrer sind beide gleichermaßen für den Lernfortschritt verantwortlich. Wenn der Lehrer versagt, verliert er sein Gesicht.

7.1.3   Die Rolle des chinesischen Schülers

Im chinesischen Klassiker (Li Ji), dem Buch der Riten, wird das Verhalten des Schülers wie folgt beschrieben: „Beim Sitzen verhält man sich ruhig. Halte deine Mienen gesammelt… Wenn der Ältere nicht auf ein neues Thema übergeht, so rede nicht voreilig von etwas anderem… Höre ehrerbietig zu."

In Deutschland wird von Schülern selbständiges Handeln und Denken erwartet. Die Schüler in China werden wie Unmündige vom Lehrer geführt und geleitet. Chinesen gelten als fleißig und lernwillig, mit großer Ausdauer und unter großen Entbehrungen wird auf das Ziel eines späteren Erfolgs gebüffelt.

Das chinesische Zeichen *xue* 学 bedeutet lernen und nachmachen gleichermaßen. Der Beste in der Schule war nicht der Vor- oder Querdenker, sondern derjenige, der genau das nachmachte, was der Lehrer vormachte. So wird seit Jahrtausenden nachgeahmt, indem die Schüler den vom Lehrer vorgegebenen Modellen nacheifern. Auswendiglernen, Wiederholen, Nachsprechen, Abschreiben und Drill stehen im chinesischen Unterricht als Lernmethode im Vordergrund. Der Unterricht ist sehr lehrerzentriert. Teamarbeit würde die Autorität des Lehrers unterminieren. Chinesen sind nicht gewohnt, den Unterricht aktiv mitzugestalten, ihre Meinung zu sagen und Fragen zu stellen. Aus diesem Grund stellte der Lehrer im alten China immer rhetorische Fragen, die er selbst beantwortete. Dadurch sind chinesische Schüler im Vergleich zu deutschen eher unselbstständig, passiv und angepasst. Chinesische Schüler haben auch oft Angst, sich mit ihren Fragen zu blamieren und so das Gesicht zu verlieren. Mit kniffligen Fragen könnte auch das Ansehen des Lehrers in Frage gestellt werden.

7.2   Die Rolle des Trainers heute

Das drei Jahrtausende während Lehrerbild und -verständnis prägt die Rolle des modernen Lehrers. Vergleichbar mit den geradezu übermenschlichen Eigenschaften, die einen Lehrer ausmachten, muss auch ein ausländischer Trainer solche perfekten

Persönlichkeitszüge mitbringen. In den Augen des chinesischen Mitarbeiters muss der Trainer hinsichtlich seiner fachlicher Qualifikation und seinem Können hervorragend sein. Da er das zigfache des Gehalts eines Chinesen verdient, muss er auf allen Gebieten zuhause sein, sozusagen ein Generalist und Allrounder in einem. Das heißt, er darf sich nicht hinter seinem Spezialfachgebiet verstecken.

Neben der fachlichen Kompetenz hat er auch eine starke Vorbildfunktion. Der chinesische Mitarbeiter will von dem deutschen Trainer lernen. Er sieht ihn als lebendes Paradebeispiel eines Industriestaates, wohin China sich entwickeln soll. Er muss die Prozesse vormachen können (Hands-on) und die Mitarbeiter folgen seinem Beispiel. Aus dieser Rolle lässt sich auch das von den Chinesen ersehnte Vorbild im privaten Bereich ableiten. Der ausländische Trainer verkörpert auch den fürsorglichen Vater für die chinesischen Mitarbeiter. Sie wünschen sich, über die Tätigkeit hinaus, nach der Arbeit, Zeit mit ihrem Trainer zu verbringen (Freizeitaktivitäten etc.). Im Idealfall bleibt der Kontakt zum Trainer über viele Jahre bestehen und er wird der beste Ratgeber für den ehemaligen Trainierenden.

7.3   Lernverhalten der Chinesen

Die ersten auf die 1990er Jahre zurückgehenden Versuche der deutschen Industrie, als chinesische Fachkräfte im In- und Ausland geschult werden mussten, haben gezeigt: Die westlichen Trainer haben sich nur teilweise oder überhaupt nicht in die Schulungsteilnehmer hinein versetzt. Die Ergebnisse fielen dementsprechend für alle Beteiligten nicht zufriedenstellend aus. So ist es umso wichtiger, sich auf die chinesische Erwartungshaltung einzustellen und zu wissen, was von einem Trainer erwartet wird. Die Lernmuster vergleichbarer Fachkräfte beider Länder (siehe Abb. 7.1) sind, wenn eine schwarz-weiße Folie aufgelegt wird, einander diametral entgegengesetzt. Der westliche Trainer wird im schlechtesten Fall (worst scenario) auf chinesische Teilnehmer treffen, die eher passiv und unselbstständig arbeitend und ihre Aufgaben ohne zeitliches Limit bewältigen.

Deutschland	China
Analytisch	Deskriptiv
(Ursache-Wirkung-Denkweise)	(Synthetisieren, Sammeln von Faktenwissen zum Thema)
Zeitdimensioniert	Zeitneutral
Selbstständig	Anleitungsbedürftig, Follow-up nötig

Abb. 7.1 Vergleich der Lernmuster in Deutschland und China

Die große Herausforderung besteht darin, die Potenzialreserve der chinesischen
Fortbildungsteilnehmer zu erschließen. Die Passivität soll überwunden werden, indem
zu Fragen und Initiative ausgesprochen aufgefordert wird. Die Förderung des selbst-
ständigen Arbeitens kann nur allmählich erreicht werden; dazu müssen die Abstände, in
denen die Anleitung einsetzt, immer weiter vergrößert werden. Zeitmanagement erfolgreich anzuwenden heißt, dem zu Trainierenden die Aufgabe gemäß des Zeitaufwands
vorzustrukturieren.

7.3.1 Mit Bildern sprechen

Seit mehr als 4000 Jahren kommunizieren die Chinesen untereinander in chinesischen
Schriftzeichen. Ähnlich wie die ägyptischen Hieroglyphen gehen die Anfänge der chi-
nesischen Schrift auf Bilderzeichen (Piktogramme) zurück. Für jede vom menschlichen
Auge wahrgenommene Erscheinung entstand ein Bild, der Ursprung der chinesischen
Schriftzeichen. Chinesische Kinder lernen seit dem Kindergarten unermüdlich, chinesische Schriftzeichen zu malen. Alles, was sie in der Schule oder in der Universität
erlernen, lernen sie mittels chinesischer Bilderzeichen. Aus diesem Grund erreicht die
Botschaft den chinesischen Rezipienten am effektivsten durch Bilder. In den Schriftzeichen überwiegen bildhafte Elemente, die wiederum vor allem bei Chinesen in der
rechten Gehirnhälfte verarbeitet werden. Auch aus diesem Grund ist das Sprechen
in Bildern bei der Wissensvermittlung unverzichtbar. So beeinflusst die chinesische
Schrift – Bilderzeichen – das Lernverhalten nachhaltig in der Weise, dass Chinesen
mehr über das Visuelle (Bilder, Diagramme, Schaubilder etc.) Wissen aufnehmen können.[1] Hierzu sollten einige Beispiele die auszuschöpfende Visualisierung veranschau-
lichen, um die Effizienz der Wissensvermittlung zu erhöhen.

- **Optimierung einer Produktionseinheit in Harbin**
  Das technische Team des übernehmenden Unternehmens analysierte in der chinesischen Fabrik einige gravierende Schwachpunkte. Unter anderem fiel der ineffiziente
  Materialfluss in der Fertigung als großes Manko auf. Tagelange Diskussionen mit
  der chinesischen Seite ließen beide aneinander vorbei reden. Bis ein amerikanischer Ingenieur die Unzulänglichkeiten in einem Materialflussdiagramm vorführte
  und dann eine optimierte Version zeigte. Durch eine Materialflussdarstellung (Flow
  Chart) konnte die Produktivität um 100 % gesteigert werden, indem die chinesischen
  Mitarbeiter durch das Anschauungsmaterial die Verbesserungsvorschläge uno actu
  umsetzen konnten.

---

[1]Waldkirch (2014).

- **Aufbau einer Montage in Wuhan**

  Zu Beginn der Fertigung sollten Halbfertigbauteile (SKD) und Fertigbauteile (CKD) in China montiert werden. Das Verständnis für die Abfolge der Prozesse war unter den chinesischen Werkstätigen sowie Vorarbeitern und Teamleitern kaum vorhanden. Erst das Festhalten der Abfolge durch eine Kamera erreichte die chinesischen Mitarbeiterinnen und Mitarbeiter. So war es in kürzester Zeit möglich, die Montage zu installieren und erfolgreich zu betreiben.

- **Das Erlernen komplexer Handgriffe an der Maschine.**

  Der Erfolg der Vermittlung von handwerklichen Tätigkeiten liegt in der systematischen Zerlegung des gesamten Prozesses in kleine Einheiten. Die Nachvollziehbarkeit für chinesische Mitarbeiter wird erheblich verbessert, indem der Prozess sich mosaikförmig Schritt für Schritt zu einem Ganzen aufbaut. Vor dem digitalen Zeitalter wurden diese Schritte mit der Polaroid-Kamera festgehalten und dann an die Pinnwand der Werkstatt geheftet. Anhand der laufenden Bilder konnten die Handgriffe leicht einstudiert werden. Interessant ist, dass dies dem chinesischen Vorgehen beim Lernen von Schriftzeichen entspricht. Das Malen chinesischer Schriftzeichen erfolgt nach einem sehr strukturierten System: Jeder Strich, dessen Richtung und die Abfolge der Striche gehorchen einer Jahrtausende alten Logik und bilden dann das vollständige Bild, wie beim Zeichen für Tugend/Güte/Deutsch (Abb. 7.2).

Vor der praktischen Umsetzung sollten die Prozesse bildlich aufgearbeitet und den Trainierenden an die Hand gegeben werden.

7.3.2   In der Wiederholung liegt der Lernerfolg

Dieses chinesische Lernverhalten sollte sich der westliche Trainer zu eigen und zu nutze machen:

- Die stereotype Wissensaufnahme (Wiederholen, Auswendiglernen etc.) bedingt, dass der Trainer auch Inhalte wiederholen und nachfragen muss, ob diese verstanden worden sind.
- Nachmachen, und zwar mit zigmaliger Wiederholung und perfekt, galt im alten China als Auszeichnung. Der Trainer macht etwas vor, und die Schulungsteilnehmer machen es so lange nach, bis sie darin perfekt sind. Eine exakte Vorgabe in Form

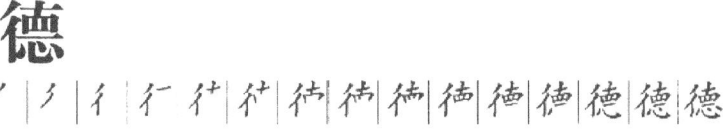

Abb. 7.2 Strichfolge der chinesischen Bildzeichen am Beispiel dé (Tugend/Güte/Deutsch)

eines Sample (dreidimensional) dient der klaren Kommunikation und lässt die chinesischen Schulungsteilnehmer optimal arbeiten.

- Wiederholung (Repetition) der Trainingsinhalte sollte immer dann erfolgen, wenn eine Trainingseinheit abgeschlossen ist.
- Alle in der Woche behandelten Prozesse werden jeweils am Ende der betreffenden Woche wiederholt.
- Jeder einzelne Trainingsteilnehmer sollte nach der Übungssequenz das Gelernte vorstellen.
- Nach einer sinnvollen Einheit muss das Gelernte mit einer Zusammenfassung abgeschlossen werden.

Die große Herausforderung für den ausländischen Trainer ist, herauszufinden, ob auch alles von den Schulungsteilnehmern wirklich verstanden wurde: Erst beim Vormachen wird dies ersichtlich.

7.4   Aufbau und Ablauf des Trainings

Beim idealtypischen Aufbau des Trainings sind Dauer, Teilnehmerzahl und Praxisorientierung von hoher Relevanz. Für die Dauer eines Trainings beispielsweise in der Fertigung gibt es wertvolle Erfahrungswerte:

Eine Fortbildungsmaßnahme sollte maximal drei Monate beanspruchen. Danach folgen sechs Monate Zeit für die Umsetzung in China. Bei Bedarf kann ein weiterer Trainingsabschnitt folgen. Je länger ein Training dauert, desto mehr sinkt die Effizienz. Daher gehen viele Unternehmen stufenweise vor. Zuerst wird einen Monat lang eine Schulungsmaßnahme im Stammhaus durchgeführt, dann folgt die praktische Umsetzung in China und weitere Trainingseinheiten zum Vertiefen für vier Wochen. Die optimale Teilnehmerzahl liegt bei maximal fünf bis zehn Teilnehmern für eine ähnliche Trainingssequenz (z. B. Produktion). Bei zuviel Trainierenden sinkt die Intensität und die Lerninhalte können nicht so oft wiederholt werden.

Die Umsetzung der Trainingsinhalte ist erfolgreich, wenn der Trainer in seinem Programm dem chinesischen Lernverhalten und der andersartigen Wissensvermittlung Rechnung trägt. Daher lassen viele Unternehmen ihre Trainer eigens in der Schulung von chinesischen Mitarbeitern unterweisen, mit dem Thema „How to train Chinese ". Verschiedene Alternativen für die Trainingssituation stehen zur Wahl:

- Training*near-the-job* oder Training *on-the-job* haben sich in China bewährt.
- Das *off-the-job*-Modell ist in China weniger effizient.
- Die Theorie wird zuerst durchgesprochen, dann folgt die praktische Vorführung durch den Trainer.
- Beispielsweise sollte die Vermittlung von Handgriffen am Band oder Workshop (Fräsmaschine) gezeigt werden.

Der Trainer erläutert Sinn und Zweck des Prozesses, der eingeführt werden soll. Die Erklärung erfolgt vom Allgemeinen zum Konkreten (*top-down*):

1. Der Trainer führt ein.
2. Der Trainer erläutert die übergeordnete Zielsetzung.
3. Der Trainer erklärt die Zielsetzung des konkreten Prozesses.
4. Der Trainer führt den Prozess mehrfach vor und erläutert gleichzeitig die Probleme, die dabei auftreten können.
5. Die chinesischen Kollegen machen es einer nach dem andern nach.

7.5 Arbeitseffizienz chinesischer Mitarbeiter

Die Produktivität chinesischer Mitarbeiter im Tagesablauf zeigt deutlich: Die Hochphasen sind am Vormittag zwischen 9:00 und 10:30 Uhr, am Nachmittag von 13:00 bis 16:00 Uhr. In diesen Zeitphasen erreicht der chinesische Mitarbeiter seine volle Arbeitseffizienz. Deswegen ist diese Zeit für die Behandlung neuer Lerninhalte prädestiniert (Abb. 7.3).

7.6 Trainingsbegleitende Maßnahmen

Außerbetriebliche Aktivitäten der Schulungsgruppe mit ihrem Trainer erhöhen den Trainingserfolg, z. B. Wochenendausflüge, Abendaktivitäten, Besuch von Sportveranstaltungen, Bootsfahrt, Modenschau, Zoobesuche, Einkaufsbummel etc. Außerbetriebliche Aktivitäten entsprechen dem Wunsch chinesischer Fortbildungsteilnehmer,

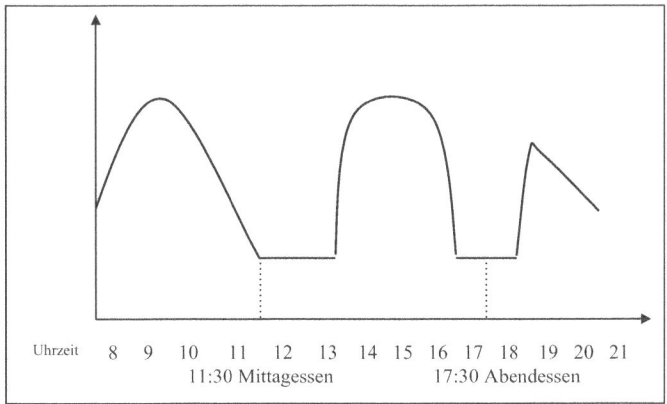

Abb. 7.3 Arbeitseffizienz chinesischer Mitarbeiter im Tagesablauf

den Trainer persönlich kennen zu lernen. In dem quasi väterlichen Verhältnis des Trainers zu seinen Weiterbildungsteilnehmern liegt ein Teil des erfolgreichen Abschlusses der Maßnahme.

7.6.1   Erfolgreiche Wissensvermittlung in China

China ist von den Besonderheiten der Kultur, den chinesischen Verhaltensweisen und Werten bestimmt. Da sich diese von der deutschen Kultur in vielerlei Hinsicht unterscheiden, muss ein Training in China anders aufgebaut werden als in Deutschland.

- Der persönliche Bezug zum ausländischen Trainer ist erfolgsentscheidend, weil die Schulung in China stark personenbezogen ist.
- Geduld und respektvoller Umgang mit dem Lernenden sind Voraussetzung.
- Für Fragen sollte der Trainer immer aufgeschlossen sein.
- Dem Argument der chinesischen Seite „wir machen das in China anders, nämlich…" sollte den Trainer hellhörig machen und er sollte sich damit auseinandersetzen.
- Oft ecken deutsche Trainer an, weil sie die Namen ihrer chinesischen Trainingsteilnehmer nicht auseinander halten können. Vorab sollten Fotos mit den Namen als Einprägungshilfe angefordert werden, denn Chinesen zu verwechseln ist eine Todsünde.

Literatur

Waldkirch, Karl. 2014. Die Vorliebe fürs Visuelle. *Asia Bridge* (11): 46.

Fortbildung chinesischer Mitarbeiter außerhalb Chinas

Bis heute kann man ein hohes Verbesserungspotenzial bei mittelständischen und großen Unternehmen in Bezug auf das Training in deren Stammhäusern oder Tochtergesellschaften außerhalb Chinas feststellen. Zum einen ließen die hiesige Betreuung und das Freizeitprogramm in den Augen der Chinesen die so wichtige persönliche Note vermissen. Zum anderen wurde beispielsweise den chinesischen Mitarbeitern zu hohe Flexibilität abverlangt: Sie wurden an anderen Maschinen und Anlagen geschult, nicht an denen, die sie in China bedienen mussten. Der Schulungseffekt verpuffte vollends. Außerdem wurde die Kostenübernahme für solche Fortbildungsmaßnahmen nicht klar geregelt, in der Regel blieb das Stammhaus „auf diesen Kosten sitzen". Hierfür ist eine eindeutige vertragliche Regelung zu treffen, die detailliert die Kostenübernahme durch die chinesische Tochtergesellschaft vorsieht. Diese umfasst beispielsweise: Manntage pro Schulungsleiter (Tagessatz für den Trainer), Flugkostenübernahme der chinesischen Delegation, Verpflegung und Unterbringung. Die nach Deutschland zur Fortbildung geschickten Mitarbeiter sollten vorzugsweise eine Zusatzvereinbarung unterschreiben. Danach müssen sie bei einer etwaigen Kündigung nach ihrer Rückkehr 100 % der Kosten der Ausbildungsmaßnahme, nach einem halben Jahr 50 % usw. tragen. Wenn ein chinesischer Mitarbeiter die Firma nach der Fortbildung verlassen will, erhöht diese Vereinbarung zwischen Arbeitnehmer und Arbeitgeber die Schwelle, verhindert aber nicht sein endgültiges Ausscheiden aus der Firma. Der Arbeitgeber stellt sich erfahrungsgemäß besser mit einer solchen Vereinbarung als ohne.

8.1 Trainingsorganisation

Für die zeitliche Planung eines Trainings chinesischer Mitarbeiter gibt es verschiedene Engpassfaktoren, die berücksichtigt werden sollten.

© Springer Fachmedien Wiesbaden GmbH, ein Teil von Springer Nature 2018
K. Waldkirch, *Erfolgreiches Personalmanagement in China,*
https://doi.org/10.1007/978-3-658-23043-2_8

- Die Größe der Trainingsdelegation und die Namen der Teilnehmer sowie deren Funktionen (Position) sollten so früh wie möglich feststehen.
- Name und Position des Delegationsleiters sollten schriftlich abgefragt werden.
- Es ist darauf zu achten, dass nur diejenigen zum Training nach Deutschland eingeladen werden, die auch unmittelbar nach der Schulung in den jeweiligen Fertigungsprozess eingesetzt werden, also keine politischen Repräsentanten, die mehr touristisch interessiert sein könnten.
- Ein präzises Einladungsschreiben des deutschen Stammhauses sollte ausgestellt und im Original an die Delegation geschickt werden.
- Die Beantragung der Visa bei der zuständigen deutschen diplomatischen Vertretung in China bedarf Zeit.
- Da nicht jeder Chinese einen Reisepass besitzt, ist mehr Vorlaufzeit für die Beantragung vorzusehen.
- Die Buchung der Flugtickets von China nach Deutschland ist früh vorzunehmen, da sonst nicht alle Schulungsteilnehmer in einem Flugzeug Reservierungen erhalten können.
- Die Verfügbarkeit der deutschen Ansprechpartner während der Durchführung der Weiterbildungsmaßnahme ist zu prüfen.
- Urlaubszeit und Feiertage sind in sowohl China als auch in Deutschland zu beachten.
- Alle Delegationsteilnehmer sollten gemeinsam in einem Hotel untergebracht werden, da ansonsten mit einem sehr hohen Koordinationsaufwand zu rechnen ist.

8.2   Unterbringung und Betreuungsprogramm

Um sich vollständig auf die chinesische Mentalität einstellen zu können, sind folgende Hinweise zu beachten:

- Chinesen sind sehr betreuungsintensiv.
- In der Delegation sollten sich einige Englisch sprechende Teilnehmer befinden.
- Aktivitäten unter der Woche und das Ausflugsprogramm für das Wochenende müssen genau geplant werden. Dafür sind vorab Mitarbeiter in Deutschland abzustellen.
- Ein interner Zeitplan muss erarbeitet werden, wer von der deutschen Seite wann und für wen die Betreuung übernimmt.
- Bei Dolmetscher-Service für das Training muss darauf geachtet werden, dass z. B. technische Sachverhalte etc. so früh wie möglich den Dolmetschern zur Verfügung gestellt werden.
- Transferzeiten zwischen Unterbringung und Betrieb sollten so gering wie möglich gehalten werden.

8.2.1 Hotels für chinesische Mitarbeiter oder eine chinesische Delegation

In diesem Zusammenhang gibt es vieles zu bemerken. Hier folgen einige Empfehlungen und Hinweise.

- Es muss immer mit kurzfristigen Änderungen gerechnet werden – hohe Flexibilität ist gefragt.
- Seitens der Chinesen wird ein großes modernes Hotel mit klimatisierten großen Zimmern gewünscht.
- Bei Doppelzimmern müssen die Betten auseinander stehen.
- Hotelzimmer sollten nicht in der 4. Etage oder Zimmer 44 gebucht werden, da bei den Chinesen der Aberglaube immer noch sehr verbreitet ist.
- Die ganze Gruppe ist zweckmäßigerweise in einem Hotel unterzubringen.
- Eine Suite oder größeres Zimmer ist für den Delegationsleiter zu buchen.
- Als eine freundliche Geste würde gewertet werden, wenn Grüner Tee auf dem Zimmer bereit stünde.

8.2.2 Negative Erfahrungen

Leider gibt es auch bei der Unterbringung von chinesischen Delegationen negative Erfahrungen. Beispielsweise erhob ein Hotelier eine Schadensersatzklage in Höhe von 50.000 € wegen Verunstaltung der Räumlichkeiten. Aschenbecher wurden als Spucknäpfe missbraucht, auf den Böden wurde gekocht, die Nichtraucherzimmer waren verraucht etc. Aus diesem Grund sollte jedes Zimmer über eine Kochgelegenheit und einen Wasserkocher verfügen. Die Zimmer sollten alle Raucherzimmer sein.

Bei den Mahlzeiten für die Mitarbeiter aus China ist folgendes zu berücksichtigen:

- Zum Frühstück muss es ein reichhaltiges Buffet mit warmen und salzigen Speisen sowie Obst geben.
- Warme Mahlzeiten mittags und abends sind üblich.
- Chinesen bevorzugen chinesisches Essen und möchten berühmte deutsche Gerichte (z. B. bayerische Schweinshaxe) meist nur einmalig probieren.
- Chinarestaurants kochen normalerweise für deutschen Geschmack. Chinesische Gäste müssen ausdrücklich angekündigt werden, damit möglichst ursprünglich chinesisch gekocht wird. Nicht alle Chinarestaurants bieten das an.
- Ein Verzeichnis der China-Restaurants sowie China-Supermärkte und ein Stadtplan sollten bei der Ankunft ausgehändigt werden.

Mitarbeiterfluktuation

9

Neben dem Mangel an qualifiziertem Fach- und Führungskräften bereitet die hohe Fluktuation der chinesischen Mitarbeiter den ausländischen Investoren seit Ende der 1990er Jahre große Probleme. Die chinesischen Führungskräfte im oberen Management deutscher Auslandstöchter sind immer öfter bereit, ihren Arbeitsplatz wegen einer attraktiveren Offerte zu wechseln. Innerhalb eines Jahres (2006) kündigt rund ein Drittel der Manager auf eigenen Wunsch, um einer neuen Tätigkeit nachzugehen. Die Beweggründe für die Neuorientierung im beruflichen Werdegang chinesischer Manager sind nicht nur finanzieller Natur, sondern es liegt auch daran, dass der vertikale Karriereaufstieg dem chinesischen Manager verwehrt blieb. Eine weitere Ursache für das Verlassen des Arbeitgebers ist, dass die Arbeitsatmosphäre schlecht war und es kein Wohlfühlklima in der Firma gab.

Unter Mitarbeiterfluktuation ist das Ausscheiden von Arbeitnehmern innerhalb eines Jahres zu verstehen. Daraus ergibt sich eine Formel zur Errechnung der Fluktuationsrate:

Es ist damit nicht die natürliche Fluktuation gemeint, welche die Abgänge eines Unternehmens infolge von Todesfällen oder altersbedingtem Ausscheiden in den Ruhestand oder Freistellung umfasst.

9.1 Fluktuationsraten im Asien-Pazifik-Raum

Im Vergleich zu anderen ausgewählten Ländern der asiatisch-pazifischen Region liegt Australien bei der Mitarbeiterfluktuation an erster Stelle, gefolgt von den ASEAN-Staaten (12,8 %).

Erst an vierter Stelle kommt China mit 12,5 %. Dieser Wert liegt in den Wirtschaftsmetropolen wie Peking, Shanghai und Kanton sowie in den Second-tier-Städten Chinas (u. a. Chengdu, Hangzhou, Nanjing, Wuhan, Dalian) noch höher, wobei der Unterschied

Ranking	Land	Fluktuationsrate
1	Australien	12,9
2	Philippinen, Vietnam, Thailand, Indonesien und Malaysia	12,8
3	Singapur	12,7
4	China	12,5
5	Indien	12,1
6	Hong Kong	11,8

Abb. 9.1 Freiwillige Fluktuationsrate im asiatisch-pazifischen Raum nach ausgewählten Ländern in 2018 (in %). (Quelle: vgl. Aon Hewitt APAC 2017)

zu den Third-tier-Städten fließend ist (z. B. Changshu und Datong) und die genaue Einteilung umstritten ist. In all diesen Städten herrscht eine immense Nachfrage nach Fachkräften, gekennzeichnet durch hohe Job-hopping-Raten.[1]

Von chinesischer Seite und auch von ausländischen Organisationen gibt es keine offizielle Statistik zur Höhe der Personalfluktuation in China. Die Zahlenangaben rangieren im zweistelligen Bereich bis zu 25 %. Erfahrungen aus der Geschäftsbeziehung zu mehr als 2000 internationalen Unternehmen bestätigt eine Fluktuationsrate im Landesdurchschnitt in einer Größenordnung von schätzungsweise 15 %. Alle Experten sind sich darüber einig, dass China derzeit Weltmeister im Mitarbeiterwechsel ist und dass es unterschiedlich hohe Raten für verschiedene Regionen Chinas gibt (Abb. 9.1).[2]

9.2 Fluktuationsintensität nach Chinas ausgewählten Regionen und Sektoren

Je nachdem, in welcher Region das Auslandsunternehmen angesiedelt ist, variiert die Fluktuationsquote. Je mehr Auslandsunternehmen am Standort ansässig sind, umso höher ist die Eigenkündigungsrate im Vergleich zu den Regionen, die investitionsarm an Auslandskapital sind. Dies gilt insbesondere für das zentrale und westliche China. Dort ist die Auslandskapitalintensität wesentlich geringer. Folglich sind die Abwerbungstendenzen vor dem Hintergrund zweistelliger Wachstumsraten eher zu vernachlässigen.

Ein zusätzliches Barometer für Fluktuationsintensität sind Lohnsteigerungsraten am Standort, an dem der Arbeitgeber seinen Firmensitz hat.

Führend hinsichtlich der Abwanderungsraten sind die Second-tier-Städte, die sich durch einen kontinuierlichen Investitionsstrom und Fachkräftemangel auszeichnen (Abb. 9.2 und 9.3).

---

[1]Vgl. z. B. Harris (2010); Breemen (2014).

[2]Vgl. Hewitt (2017); Low (2013).

Region	Fluktuationsrate (in %)
First-tier-Städte (Peking, Shanghai, Shenzhen und Kanton)	15 - 21
Second-tier-Städte	17 - 26
Chongqing	24,3
Nanjing	21,5
Wuhan	16,3
Chengdu	14,3
Tianjin	15,8
Hangzhou	18,3

Abb. 9.2 Fluktuationsrate nach ausgewählten Städten Chinas (2013). (Quellen: vgl. Hewitt (2017); vgl. http://cxo.cfw.cn/view/77962-1.htm . Vom 21.1.2014. Zugegriffen: 28.11.2014)

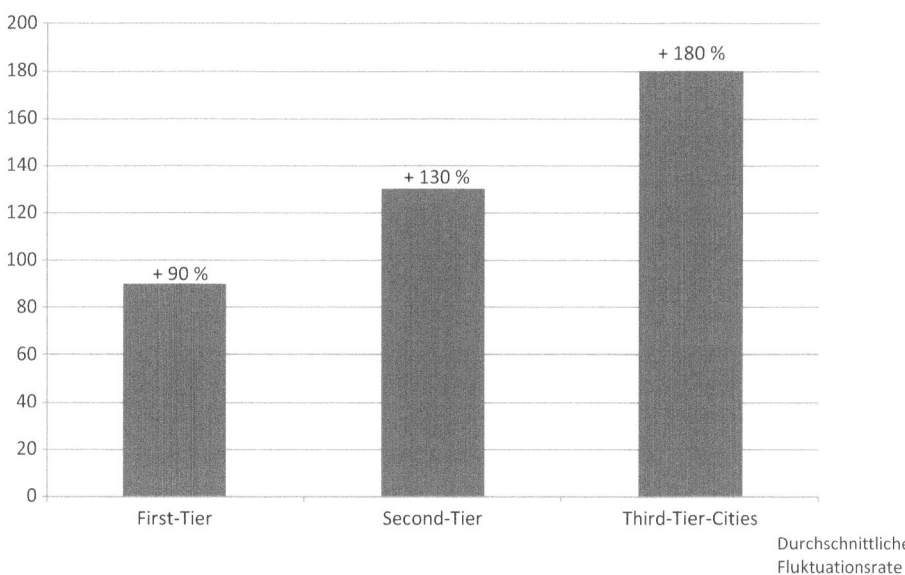

Abb. 9.3   Fluktuationsraten nach verschiedenen Städtegrößen (Tier 1 bis 3) Chinas

Wird die **Arbeitnehmer-Fluktuation nach Sektoren** beachtet, ergibt sich folgende Momentaufnahme:

Im Dienstleistungsbereich wie beispielsweise Einzelhandel und Tourismus kündigt pro Jahr im Schnitt ein Drittel der Belegschaft. Ein Fünftel der Mitarbeiter verlieren alljährlich die Sparten Immobilien, Logistik und die Konsumgüterindustrie (Abb. 9.4).

Sektoren	Fluktuationsrate (in %)
Einzelhandel	32,9
High-Tech/Verarbeitungsindustrie	20,5
Konsumgüterindustrie	22,9
Telefonischer Kundendienst (Call Centers, Internet)	36
Gesundheitsindustrie	16,9
Immobilienindustrie	29,2
Tourismus	43,4
Chemie-/Bauindustrie	11,7
IT	26,8
Pharmazie	23

Abb. 9.4 Fluktuationsrate nach ausgewählten Sektoren Chinas. (Quellen: vgl. Hewitt (2017)

9.3   Warum Manager einen neuen Job suchen

Neben den monetären Anreizen spielt für die chinesischen Manager auch eine große Rolle, ob der ausländische Manager auf die chinesischen Mitarbeiter eingeht, wie dies die konfuzianische Fürsorgepflicht verlangt. Da dies viel zu wenig umgesetzt wird, wechseln die Betroffenen oft zu anderen Arbeitgebern. Im Gegensatz zu westlichen Großunternehmen haben die oft sehr persönlich geführten und im Familienbesitz befindlichen mittelständischen Unternehmen in dieser Hinsicht Vorteile. Sie können dem chinesischen Mitarbeiter eher das Gefühl der Fürsorge geben und kümmern sich um ihn. Der chinesische Mitarbeiter fühlt sich auch nicht als Nummer. Ebenso wird des Öfteren den Schulungspräferenzen der aufstrebenden Manager nur sehr selten entsprochen. Die Folge ist die Suche nach einer Alternative und letzten Endes die Kündigung.

Ob ein Manager im Unternehmen bleibt, hängt nicht nur von monetären Aspekten ab. Um Job-hopping entgegenzuwirken, sollten ausländische Investoren möglichst maßgeschneiderte Bindungsprogramme entwickeln. Entscheidend ist zudem, wie gut die Führungskräfte im Unternehmen ein „Wir-Gefühl" herstellen können, wie stark sie einzelne Mitarbeiter mit einbeziehen und fördern. Denn nur so bleiben die richtigen Mitarbeiter auch langfristig am richtigen Platz (Abb. 9.5).

Die sinkende Attraktivität des Arbeitgebers hat bei jedem zweiten befragten chinesischen Manager den Ausschlag für eine Kündigung gegeben. Mangelnde Karrierechancen (keine Weiterbildungsmöglichkeiten), marktinadäquate Entlohnung und der falsche Führungsstil des Vorgesetzten sind weitere zur Kündigung führende Gründe. Bemerkenswert ist hier die Erwartungshaltung der Mitarbeiter nach einer Immobilienfinanzierung.

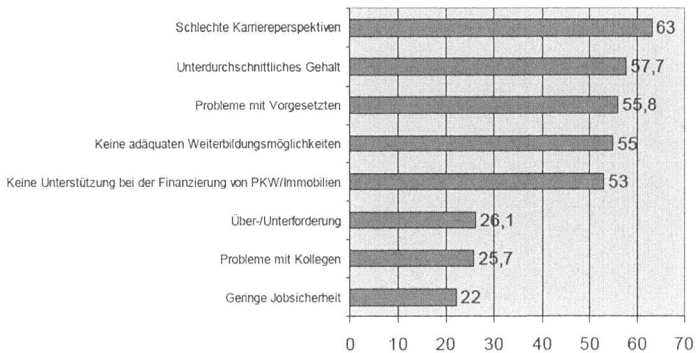

Abb. 9.5 Ursachen der Mitarbeiterfluktuation

Literatur

Breemen, Duco van. 2014. *Selling in China's second- and tird-tier cities.* Launch Factory 88. Zugegriffen: 21. Nov. 2014.

Harris, Dan. 2010. *China's 2nd tier cities for business.* China Law Blog. Zugegriffen: 21. Nov. 2014.

Hewitt, Aon. 2013. Fluktuationsrate nach ausgewählten Städten Chinas. Zugegriffen: 28. Nov. 2014

Hewitt, Aon. 2017. China salary increase rate down in 2017, as involuntary turnover rises. Aon. Zugegriffen: 04. Jul. 2018.

Low, Annabeth. 2013. Worker turnover rate rising, says Hay Study. stjobs. Zugegriffen: 14. Nov. 2014.

Technology Companies in Asia-Pacific Ready to Boost. 2018. Salary Budgets to Address Rising Employee Turnover Add Strong Demand for Talent. Aon Hewitt APAC. 2017.

Ausgehend von der eigentlichen Begriffsbestimmung, muss die Bindungswirkung des im chinesischen Kontext passenden Instrumentariums klar strukturiert werden. Mitarbeiterbindung („Retainment") heißt, qualifizierte Mitarbeiter durch die Gestaltung von verschiedenen positiven Anreizen zu gewinnen und zu halten.[1]

Daher werden in westlichen Industrienationen folgende Instrumente eingesetzt:

- Angemessenes, wettbewerbsfähiges Gesamtgehalt (einschließlich Fringe Benefits)
- Flache Hierarchien/Handlungsspielraum (definierte Kernaufgabe nach innen/gestaltbarer Freiraum nach außen)
- Offene, direkte Kommunikation
- Management-Nachwuchsprogramme

10.1 Das magische Dreieck – der Erklärungsansatz

Das magische Dreieck ist eine ganzheitliche Darstellung der für die Mitarbeiterbindung relevanten Instrumente.

- Durch die Form des Dreiecks wird die Abhängigkeit der drei Ecken voneinander, welche die relevanten Bindungsinstrumente symbolisieren, verdeutlicht.

---

[1]Quelle: DGFP e. V. mit Anpassungen an den chinesischen Kontext (http://www1.dgfp.com/dgfp/data/category/Personalmarketing/Mitarbeiterbindung/index.html) sowie.
vgl. Impulse (2012): Was deutsche Firmen in China gegen Mitarbeiter-Fluktuation tun. Impulse. Das Unternehmer-Magazin. Zugegriffen: 14.11.2014.

© Springer Fachmedien Wiesbaden GmbH, ein Teil von Springer Nature 2018
K. Waldkirch, *Erfolgreiches Personalmanagement in China,*
https://doi.org/10.1007/978-3-658-23043-2_10

Höherqualifizierung
- Eröffnung von
  Aufstiegsmöglichkeiten
- Rotation von
  Führungsnachwuchs im
  Konzernverbund
- Interne und
  Externe Schulungen

Monetäres Anzreizsystem
- Gehaltserhöhung
- Darlehensfinanzierung
- Zusatzleistungen wie
  Renten, Versicherungen,
  etc.

Mitarbeiter-
bindung durch

Wir-Gefühl
- Fürsorge durch Vorgesetzten im
  konfuzianischen Stil
- Mentoren-Coaching
- Erhöhung der Identifikation durch
  außerbetriebliche Aktivitäten

Abb. 10.1 Das magische Dreieck der Mitarbeiterbindung

- Die Mitarbeiterbindung funktioniert nur, wenn alle drei Bindungsinstrumente zusammen und gleichzeitig angewandt werden. Bei der Durchführung von nur zwei Bindungsinstrumenten verlässt der Mitarbeiter das Unternehmen. Stimmen zwar Gehaltshöhe und die betriebliche Atmosphäre mit dem Vorgesetzten, hat der Manager aber kein berufliches Weiterkommen, so wird er bei der nächsten Gelegenheit wechseln.
- Die höchstmögliche Bindungswirkung wird erzielt, wenn alle drei Bindungs-instrumente gleich stark eingesetzt werden (Abb. 10.1).

Um die mühsam gefundenen Arbeitskräfte auch langfristig zu halten und der hohen Personalfluktuation entgegenzuwirken, gibt es insgesamt drei Instrumente:

- Höherqualifizierung
- Monetäres Anreizsystem
- Wir-Gefühl

10.1.1 Höherqualifizierung

Für den chinesischen Mitarbeiter ist das Gefühl wichtig, nicht als ein Manager zweiter Klasse abgestempelt zu werden, dem vom deutschen Stammhaus immer wieder ein Expatriate vorgesetzt wird. In der jüngeren chinesischen Firmengeschichte gibt es Beispiele, bei denen ein Expatriate durch einen chinesischen Manager ersetzt worden ist.

So ist eine nachweisliche systematische Personalentwicklung mit Eröffnung von Aufstiegschancen für den chinesischen Führungsnachwuchs klar nachvollziehbar.

Folgende Fort- und Weiterbildungsmaßnahmen stehen zur Wahl:

- Berufsbegleitende Schulungs- und Ausbildungsprogramme
- Chinas Arbeitnehmer nehmen gerne Weiterbildungsmöglichkeiten wahr. Beispielsweise werden durch betriebsinterne Schulungen zu allen Themen (wie Vorträge halten oder Selbstdarstellung) die lokalen Mitarbeiter der F&E -Abteilung der Shanghaier CISCO stärker an deren Arbeitsplatz gebunden.
- Teilnahme an interessanten Projekten in Verbindung mit Geschäftsreisen
- Rotation von chinesischem Führungsnachwuchs in verschiedenen Unternehmen des Konzerns an unterschiedlichen Standorten
- Interne Schulung im chinesischen Tochterunternehmen
- Externe Schulung im deutschen Stammhaus oder in einem internationalen Unternehmen der Gruppe
- MBA-Studiengänge: Arbeitsbegleitend oder mit Auszeit im Aus- oder Inland (Vollzeit).

10.1.2 Monetäres Anreizsystem

Das monetäre Anreizsystem beginnt mit der Höhe des gezahlten Gehalts. In der Regel ist ein Unternehmen, das 10 bis 20 % über dem Branchendurchschnitt der betreffenden Region bezahlt, gegen Abwerbungen gut gewappnet. Andere monetäre Anreize, im Unternehmen zu verbleiben, sind die Folgenden:

- Gehaltserhöhung
- Prämien für erfolgreich abgeschlossene Projekte
- Bonuszahlung
- Darlehensfinanzierung für Auto und Immobilien
- Viele Firmen zahlen einen bestimmten Anteil des Gehalts in einen Fonds ein, der nach einer Firmenzugehörigkeit von beispielsweise drei bis fünf Jahren ein Anrecht auf einen Wohnungskredit eröffnet.
- Zusatzleistungen wie Renten, Wohnbeihilfen, Reisen, Mahlzeiten etc. Beispielhaft ist das Unternehmen Lenovo Pionier bei der Bereitstellung einer betrieblichen Rentenversicherung in China. Dies ist durch die Zusammenarbeit mit der Risikolebensversicherung Ping An Endowment Insurance, einer Tochter der HSBC, möglich.
- Stipendium für das Kind einer Führungskraft
- Das Unternehmensstipendium, welches mehrjährig den Sohn eines Abteilungsleiters in Europa finanziert, bindet gleichzeitig den hoch qualifizierten Mitarbeiter.

- Erwerb von Belegschaftsaktien. Die amerikanische Firma Procter & Gamble, eine der größten Produktionsfirmen für Konsumprodukte, bietet als erste Firma ihren chinesischen Mitarbeitern die Möglichkeit, Belegschaftsaktien am internationalen Kapitalmarkt zu kaufen.[2] Seit April 2008 darf ein chinesischer Mitarbeiter P&G-Aktien in den USA erwerben, indem er kumuliert 1 % von seinem monatlichen Einkommen anspart.

Aber diese monetären Anreize allein sind keine Garantie für Mitarbeiterbindung, auch das Wir-Gefühl ist wichtig.

10.1.3 Schaffung eines Wir-Gefühls

Zur Schaffung eines Wohlfühlklimas gehört einerseits eine Führungspersönlichkeit, die konfuzianischem Stil entspricht. Dies bedeutet, dem konfuzianischen Gebot der fünf wichtigsten zwischenmenschlichen Beziehungen zu folgen. Dabei handelt es sich um das Verhältnis Vorgesetzten zu Mitarbeiter (früher Fürst zu Untertan), Vater zu Sohn, Ehemann zu Ehefrau, älterer Bruder und ältere Schwester zu jüngerer Bruder und jüngere Schwester, älterer Freund zu jüngerer Freund. Als Grundlage dient jeweils die Anerkennung der Autorität des als übergeordnet geltenden Partners.

Andererseits spielen konkrete Maßnahmen, welche die Identifikation der Belegschaft mit dem Unternehmen erhöhen, eine große Rolle.

- **Die Rolle des Familienvaters für die Belegschaft ausfüllen**
  - Für die Chinesen hat das Wirtschaftsunternehmen, in dem sie arbeiten, auch eine Schutz- und Versorgungsfunktion.
  - Die „Einheit" (*danwei*) – wie die Chinesen ihren Arbeitgeber nennen – ist in ihrer Bindungswirkung fast mit der Familie gleichzusetzen.
  - Die Belegschaft eines Unternehmens versteht sich als große Familie, deren Oberhaupt der Geschäftsführer ist. Auf unterer Ebene verkörpert diese Rolle der unmittelbare Vorgesetzte, z. B. der Abteilungsleiter.
  - Die geeigneten Führungseigenschaften eines Vorgesetzten sind nach der fachlichen und sozio-kulturellen Eignung auch das dezidierte Interesse am Mitarbeiter und seiner Familie und deren privatem Wohlergehen.

---

[2]Quelle: P&G China employees entitled to buy P&G stocks: http://resources.alibaba.com. Zugegriffen: 21.05.2008.

- **Schaffung einer guten Arbeitsatmosphäre**
  Zum Beispiel sollte der Vorgesetzte für gutes Mittagessen sorgen und Getränke zur Verfügung stellen. Bei Überstunden sollte er seinen Mitarbeitern auf Kosten der Firma um fünf oder sechs Uhr ein Abendessen spendieren und so lange bleiben, bis der letzte Mitarbeiter das Büro verlässt. Fahrerservice nach Hause für die Mitarbeiter, die bis spät abends arbeiten müssen, findet ein positives Echo bei den Betroffenen.

- **Mentorender Mitarbeiter**
  Die Firma Johnson&Johnson hat sehr gute Erfahrungen gemacht, indem sie dem neu gewonnenen chinesischen Mitarbeiter mit seinem Arbeitsbeginn einen Mentor beigestellt hat, das heißt einen Mitarbeiter, der den Neuling betreut, um frühzeitig von Veränderungen zu erfahren.

- **Für Rückfragen zur Verfügung stehen**
  Chinesische Mitarbeiter sind oft nicht gewohnt, selbstständig zu arbeiten. Ohne Hilfe und Unterstützung des Vorgesetzten bei der Aufgabenbearbeitung fühlen sie sich alleingelassen und überfordert.

- **Lob und Anerkennung**
  Anstelle von direkter Kritik sollte mit Lob und Anerkennung motiviert werden.

- **Auf ein starkes Zusammengehörigkeitsgefühl bauen**
  Eine entscheidende Voraussetzung für den Erfolg des Gemeinschaftsunternehmens ist die Schaffung eines Zusammengehörigkeitsgefühls unter den Mitarbeitern. Insbesondere japanische Unternehmen verstehen es mit nachhaltigem Erfolg, ihre Mitarbeiter mit Karaoke-Singen einmal pro Monat in Stimmung für den Arbeitgeber zu bringen.

- **Employer Brandingund Corporate Identity**
  Neben diversen gemeinschaftsfördernden Veranstaltungsinstrumenten arbeiten ausländische Tochterunternehmen heute in China immer stärker an einem einheitlichen visuellen Erscheinungsbild nach außen und wecken zugleich bei ihren Mitarbeitern über das Corporate Design auch die notwendige Aufgeschlossenheit für eine Corporate Identity nach innen. Angelsächsische Großkonzerne geben deshalb ihrer chinesischen Belegschaft mit Gegenständen des täglichen Bedarfs eine geschickte Hilfestellung, damit sie sich schneller mit ihrer Muttergesellschaft identifizieren können: Sie verteilen großzügig Berufskleidung, Büroutensilien – vornehmlich Schreibstifte, Kalender und ähnliches –, aber auch Präsente. Bei Coca-Cola zum Beispiel werden T-Shirts mit aufgedrucktem Firmenlogo von den chinesischen Mitarbeitern auch in der Freizeit getragen.

- **Außerbetriebliche Aktivitäten**
  Mehrfach im Monat werden gemeinsame Abendessen und Kinobesuche auf Abteilungsebene organisiert. Insbesondere der Besuch von Sportveranstaltungen oder die aktive Teilnahme an sportlichen Wettkämpfen (Bowling, Tischtennis etc.) haben die Teambildung wesentlich gefördert.

Fallbeispiel

Die Evonik-Tochtergesellschaft Degussa als lobenswertes Beispiel für Einfalls-
reichtum bei der Mitarbeiterbindung

Das von Degussa eingeführte „Vacation Program" sieht vor, dass Kinder von
Konzernmitgliedern aus unterschiedlichen Ländern einen Urlaub bei Kollegen im
Ausland machen dürfen. Das „High School Program" organisiert einen einjährigen
Schüleraustausch im Ausland und wird auch von den chinesischen Mitarbeitern rege
nachgefragt.

Diese wirkungsvollen Maßnahmen der Mitarbeiterbindung bei Degussa hatten sich
gleich positiv auf die Fluktuation niedergeschlagen und die Abwanderungsrate in kürzester Zeit halbiert. Die Programme für die Mitarbeiterkinder stehen bei der Belegschaft hoch im Kurs.

10.2 Tauglichkeit herkömmlicher Bindungsinstrumente

Das traditionelle Instrumentarium für die Mitarbeiterbindung, welches in westlichen
Industrieunternehmen zum Einsatz kommt, muss nicht selbstverständlich auch im chinesischen Markt seine übliche und sinnvolle Anwendung finden. Als Faustregel gilt,
dass alle Maßnahmen, die der Höherqualifizierung, der Vergütung und der Erhöhung
des Wir-Gefühls des Mitarbeiters dienen, auch im chinesischen Umfeld positiv greifen.
Alle vertraglichen Regelungen wie Rückzahlung der Schulungskosten, mehrjähriger
Arbeitsvertrag und Wettbewerbsverbot sind nur in begrenztem Maße geeignet, die
Wechselwilligen zu halten. Allerdings kann die Schwelle erhöht werden, denn die mit
dem Wechsel verbundenen Kosten, zum Beispiel die Rückzahlung eines Immobilien-
darlehens, müssen dann vom abwerbenden Unternehmen übernommen werden
(Abb. 10.2).

Betriebliche Beteiligungen in Form von Gratisaktien oder Stock Options direkt am
chinesischen Arbeitgeber sind in China wegen investitionsrechtlichen Hindernissen nicht
anwendbar.

Ansätze zur Bindung lokaler Führungskräfte in China	Geeignet	Begrenzt geeignet	Nicht geeignet
Stellung günstiger Werkswohnungen oder Vergabe von Mietzuschüssen	✓		
Karriereangebote im Unternehmen	✓		
Schaffen eines guten Betriebsklimas	✓		
Rückzahlung anteiliger Weiterbildungskosten beim Ausscheiden des Mitarbeiters	✓	✓	
jährliche Gehaltssteigerung	✓		
persönliche Betreuung/ Betreuung der Familie	✓		
betriebliche Kapitalbeteiligung (stock options)			✓
Festschreibung einer mehrjährigen Vertragsdauer im Arbeitsvertrag			✓
betriebliche Krankenversicherung (auch für Angehörige der Kernfamilie)	✓		
dem Mitarbeiter nachhaltig Vertrauen entgegenbringen	✓		
Arbeitgeber-Darlehen (etwa zum Kauf einer Eigentumswohnung, eines Autos)	✓		
regelmäßige Weiterbildung, fortlaufende Qualifizierung	✓		
vertraglich vereinbartes Wettbewerbsverbot für den Fall des Ausscheidens			✓
aufgeschobene Vergütung: z. B. Bonusauszahlung nach drei, fünf oder zehn Jahren		✓	
Treueprämien		✓	
Vereinbarkeit von Beruf und Privatleben			✓
betriebliche Altersversorgung, Pensionszusagen	✓		
partizipativer (kooperativer) Führungsstil des Vorgesetzten			✓
Aussicht auf eine mehrmonatige Tätigkeit im Ausland (z. B. im Stammhaus)	✓		

Abb. 10.2 Tauglichkeit herkömmlicher Bindungsinstrumente

Mitarbeiterbindung setzt zu spät ein	39 %
Verantwortlichkeit zwischen Zentrale und Tochterfirma ist nicht klar definiert	63 %
Mitarbeiter zu spät identifiziert	68 %
Mitarbeiterbindungsprogramm nicht auf den Einzelnen zugeschnitten	53 %
Keine klare Firmenpolicy	44 %
Firmenpolicy für ganz China, keine regionale Flexibilität	58 %
Geschäftsführer vor Ort hat keine Entscheidungskompetenz	63 %

Abb. 10.3 Probleme bei der Einführung des Mitarbeiterbindungsprogramms

10.3 „Lessons Learned" bei der Mitarbeiterbindung

Bei der Einführung von Personalbindungsprogrammen sind viele Unternehmen in China auf Hindernisse gestoßen. Die nachfolgende Auflistung zeigt die wichtigsten Fehlerquellen auf (Abb. 10.3):

Mehr als jedes zweite Unternehmen konnte den Mitarbeiter nicht halten, weil Verantwortlichkeit und Entscheidungskompetenz nicht klar definiert wurden. Außerdem ist zu spät mit einem solchen Programm begonnen worden. Zu viel Zeit hat man verstreichen lassen, den geeigneten Kandidaten zu finden.

Literatur

Impulse. 2012. *Was deutsche Firmen in China gegen Mitarbeiter-Fluktuation tun.* Impulse Das Unternehmer-Magazin. Zugegriffen: 14. Nov. 2014.

Best Practice – Die richtige Vorbereitung für ein Personalbindungsprogramm in chinesischen Auslandsunternehmen

11.1 Der optimale Fahrplan

Der optimale Fahrplan für eine Personalbindungsmaßnahme besteht aus verschiedenen Meilensteinen. Zuerst müssen diejenigen, die über die Durchführung des Mitarbeiterbindungsprogramms entscheiden, mit den notwendigen Befugnissen sowie Entscheidungskompetenzen ausgestattet werden. Außerdem sollte der Vorgesetzte auch in Bezug auf Fluktuation, Abwanderungsvermeidung und Mitarbeiterbindung geschult werden (Coaching). Ein wesentlicher Meilenstein ist die Evaluierung der Unternehmenseinheit (Assessment). Ist das Ergebnis dieser Prüfung, dass das Unternehmen nicht marktfähig entlohnt, müssen Konditionsverbesserungen eingeleitet werden. Nachdem diese Ausgangsbedingungen optimiert worden sind, müssen die förderungswürdigen Leistungsträger identifiziert werden.

Selbstverständlich arbeiten internationale Unternehmen bereits weltweit mit ihren erprobten Personalbindungsprogrammen. Hier geht es um ein zusätzliches, maßgeschneidertes Bindungsprogramm für chinesische High Potentials, denen eine besondere Aufmerksamkeit und Wertschätzung zuteil werden sollte. So gehen die Maßnahmen zur Personalbindung von High Potentials über das normale, bereits praktizierte Programm hinaus (Abb. 11.1)

11.2 Klärung organisatorischer Fragen

Ohne Kompetenzen und Sensibilität im Umgang mit dem Mitarbeiterbindungsprogramm kann der Vorgesetzte die Mitarbeiter mit hohem Potenzial nicht langfristig halten. Aber er muss auch mit dem notwendigen Handwerkszeug (Mitarbeiterrichtlinie und Entscheidungskompetenz) ausgestattet sein. Die Gesellschafter müssen formulieren, dass

© Springer Fachmedien Wiesbaden GmbH, ein Teil von Springer Nature 2018
K. Waldkirch, *Erfolgreiches Personalmanagement in China*,
https://doi.org/10.1007/978-3-658-23043-2_11

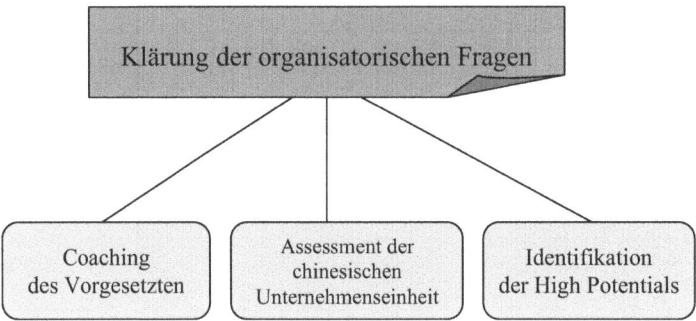

Abb. 11.1 Optimaler Fahrplan zur Mitarbeiterbindung

das Halten von wertvollen Mitarbeitern zu einer seiner wichtigsten Aufgaben gehört, das heißt, dieser Erfolg, an dem er gemessen wird, schlägt sich auch unmittelbar auf die Höhe seiner leistungsorientierten Entlohnung nieder. Natürlich muss er in diesem Themenkomplex fachgerecht geschult werden, damit diese Kenntnisse gewonnen und sofort angewandt werden können (Abb. 11.2).

Der Bonus des Geschäftsführers wird nach der Höhe der Fluktuationsrate bemessen sowie nach der zeitnahen Umsetzung des Mitarbeiterbindungsprogramms. Seine variable, leistungsorientierte Vergütung richtet sich u. a. danach, wie die Leistungsträger gefördert werden.

Geschäftsführer	Durchführung des Mitarbeiterbindungsprogramms wird im Geschäftsführervertrag verankert und auch als bonusabhängige Zielvereinbarung formuliert: ▪ Klare Entscheidungskompetenz bei dem Geschäftsführer vor Ort ▪ Schulung für den Geschäftsführer hinsichtlich des Mitarbeiterbindungsprogramms.
Mitarbeiterbindungsrichtlinie (Policy)	Mitarbeiterbindungs-Firmenrichtlinie Rahmenvorgabe für Maßnahmen, die über seine Budget- und Entscheidungskompetenz hinausgehen, wie Weiterbildungsmaßnahmen oder Kreditdeckung
Assessment	Evaluierung der chinesischen Unternehmenseinheit hinsichtlich der Voraussetzung zur Installierung des Mitarbeiterbindungsprogramms

Abb. 11.2 Überblick über die organisatorischen Fragen

11.3   Ermittlung des Key Contributor

Die Vorselektion förderungswürdiger Leistungsträger (High Potentials) muss spätestens in den ersten sechs Monaten nach deren Eintritt in die Firma beginnen.

100-Tage-Programm
Das 100-Tage-Programm dient zur Identifikation des Leistungsträgers.

Der Vorgesetzte eröffnet langfristige Perspektiven für den Mitarbeiter, der sich bewährt. Er versucht, die Erwartungshaltung des High Potentials herauszufinden. Nach den ersten 30 Tagen wird die erste Evaluierung vorgenommen. Der Mitarbeiter erhält ein Feedback zu den erledigten Aufgaben. Der Vorgesetzte widmet sich der Frage, welche Erwartungen der High Potential hat und ob er sich langfristig im Unternehmen engagieren will. Nach weiteren 70 Tagen wird eine Abschluss-Evaluierung des 100-Tage-Programms durchgeführt. Konkret werden mit dem Mitarbeiter Weiterbildungsmaßnahmen, Personalentwicklung und Gehaltserhöhung sowie ggf. Kreditgewährung besprochen.

11.4   Erhöhung der Führungsqualitäten des Vorgesetzten

Vor der Entsendung muss der zukünftige Chef der chinesischen Unternehmenseinheit auf das Thema Führung, Motivation und Mitarbeiterbindung im Coaching vorbereitet werden.

Folgende Inhalte sollte ein Coaching abdecken:

- Denken und Handeln der Chinesen
- Zusammenarbeit mit High Potentials
- Erfahrungen bei der Aufgabendelegation
- Lernmethodik der Chinesen
- Erwartungshaltung von High Potentials
- Vermittlung von Trainingsinhalten
- Führungstraining
- Mitarbeitergespräche
- Motivation von High Potentials
- Mitarbeiterbindungsprogramm

Das Coaching verfolgt zwei Ziele: Zum einen wird der Führungskraft klargemacht, dass es darauf ankommt, dass sie sich richtig gegenüber dem Mitarbeiter verhält und ihn „chinesisch" führt. Mit anderen Worten ist das Ausscheiden von qualifizierten Mitarbeitern ein Management-Problem und damit auch das Problem des Geschäftsführers selbst. Zum anderen wird er mit den Inhalten des Mitarbeiterbindungsprogramms vertraut gemacht.

11.5   Assessment

Die Bestandsaufnahme (Status quo) der chinesischen Unternehmenseinheit ist integraler Bestandteil und Eckpfeiler des Mitarbeiterbindungsprogramms. Unter anderem werden folgende Schwerpunkte fokussiert:

- Gehaltsniveau
- Benchmarking mit Unternehmen der gleichen Branche und Region
- Bonusstrukturierung
- Bonding/Corporate Identity
- Weiterbildungsmaßnahmen
- Führungskultur

12.1 Unternehmenseckdaten des Beispielunternehmens

An einem konkreten Fallbeispiel soll das Vorgehen praktisch erläutert werden.

Das Unternehmen, welches hinsichtlich der Entwicklung eines geeigneten Bindungsprogramms evaluiert wurde, heißt Shanghai Automobile Metal (SAM).

1. **Projektbeschreibung: Shanghai Automobile Metal** Das in Shanghai ansässige Unternehmen ist ein 100 %iges Tochterunternehmen eines mittelständischen deutschen Unternehmens der Metallverarbeitung und Gussbearbeitung von Rohlingen für die Automobilindustrie. Aufgrund überdurchschnittlicher Fluktuationsraten in den Management-Segmenten (Department Head, Section Head, Team Leader) wurde ein Management-Audit extern in Auftrag gegeben.
2. **Unternehmenseckdaten SAM**

Gründungsdatum	2005
Gebäude	42.000 m^2
Grundstück	84.000 m^2
Mitarbeiter	750

Finanzierungsstruktur

Gesamtinvestitionen	30 Mio. US-Dollar

© Springer Fachmedien Wiesbaden GmbH, ein Teil von Springer Nature 2018
K. Waldkirch, *Erfolgreiches Personalmanagement in China*,
https://doi.org/10.1007/978-3-658-23043-2_12

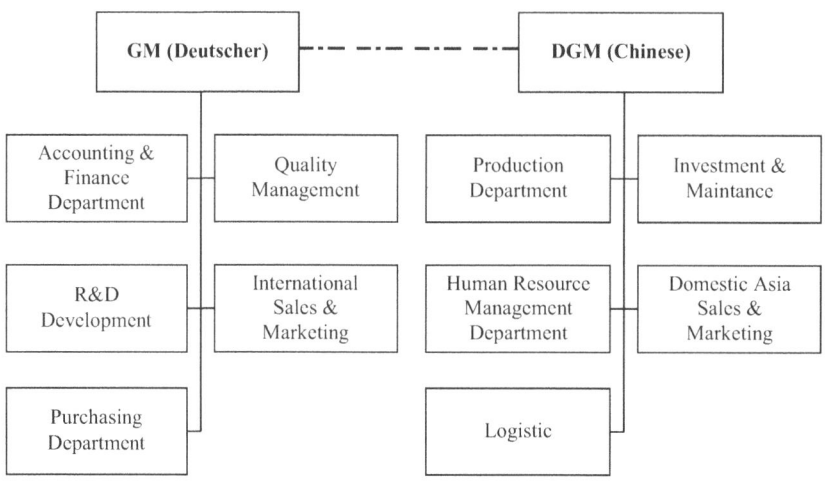

Abb. 12.1 Organigramm der Shanghai Automobile Metal

davon:

| registriertes Stammkapital | 12,5 Mio. US-Dollar |
| Fremdmittel | 17,5 Mio. US-Dollar |

3. **Organigramm**

Der Organisationsstruktur des Unternehmens SAM ist zu entnehmen, dass die erste Management-Ebene aus dem deutschen Geschäftsführer und einem chinesischen Vertreter besteht (Abb. 12.1).

Der Geschäftsführer verantwortet in der zweiten Ebene die Abteilungen Rechnungswesen, Einkauf, Qualität und Forschung & Entwicklung (F&E) u. a.

Sein Vize hat die wichtigen Bereiche wie Produktion, Personalwesen, Logistik und den chinesischen Verkauf unter sich.

12.2   Management-Audit

Unter Leitung eines Unternehmensberaters und des deutschen Stammhauses wurden mehrere Teams gebildet, die Daten auf folgenden Gebieten erheben sollten:

- Fluktuationsrate
- Leistungen des Unternehmens an die Belegschaft
- Gehaltsspiegel

- Inhaltliche Gestaltung der Arbeitsverträge
- Führungsqualitäten des Managements
- Beurteilung der außerbetrieblichen Aktivitäten
- Personalentwicklungsmaßnahmen

Daten bei insgesamt 50 Unternehmen der Branche in der Region wurden gleichzeitig als Benchmark erhoben. Damit lag ein repräsentativer Querschnitt vor, an dem sich das Beispielunternehmen SAM messen lassen musste.

12.3 Ermittlung der Fluktuationsraten nach Hierarchie -Ebenen

Um die eigentlichen Fluktuationsquoten zu ermitteln, musste die Belegschaft gemäß der gesamten unteren Hierarchie-Ebene aufgegliedert werden. Eine der Schwierigkeiten lag beispielsweise in der Abgrenzung zur natürlichen Abwanderung (altersbedingtes Ausscheiden etc.) (Abb. 12.2).

Aus dem Spiegel der Fluktuationsraten, entsprechend der Hierarchie -Ebene, wurde ersichtlich, dass die Abteilungsleiterebene in zwei Jahren vollständig neu besetzt war.

12.4 Leistungserbringung des Unternehmens an die Belegschaft

Verschiedene Leistungen des Unternehmens gegenüber der Belegschaft haben einen Einfluss auf die betriebliche Atmosphäre (Abb. 12.3).

Der Vergleich des Beispielunternehmens SAM mit anderen repräsentativen branchennahen Unternehmen der Region ergab: SAM brachte hinsichtlich Unterbringung und kostenlosen Kantinenmahlzeiten weniger Leistungen als in der Branche üblich und gefordert. Dem SAM-Management wurde empfohlen, die Unterbringung der Mitarbeiter und die volle Übernahme der Mahlzeiten sicherzustellen.

Hierarchie-Ebene	Fluktuationshöhe innerhalb eines Jahres
Zweite Management-Ebene, Department Head (DH)	50 %
Section Head (SH)	40 %
Team Leader (TL)	45 %

Abb. 12.2 Fluktuationshöhe nach Hierarchie-Ebenen des Unternehmens

Leistungsmerkmal	SAM (Beispielunternehmen)	Benchmark gleicher Unternehmen mit Branche und Region
Unterbringung der Belegschaft in Dormitories	Nein	Ja
Freie Kantinenbenutzung für Mahlzeit während der Arbeitszeit	Ja, Zuschuss bis zu 50 %	Volle Übernahme durch Arbeitgeber
Bezahlung der Anfahrt bzw. Betriebsbus mit Abholung	Ja	Ja

Abb. 12.3 Betriebliche Leistungspalette für die Belegschaft

12.5 Gehaltsstruktur

Der elementare Ansatz zur Ermittlung der Zufriedenheit des Mitarbeiters ist, zu prüfen, ob der vorliegende Gehaltsspiegel marktgerecht war und ob das Unternehmen gegebenenfalls die Mitarbeiter unter deren Marktwert honorierte (Abb. 12.4).

Interessant war hier die Korrelation mit den Fluktuationsraten und den verschiedenen Personalverantwortungspositionen (DH, SH, TL). Dort wo die Entlohnung nicht marktgerecht durchgeführt wurde, war eine hohe Abwanderungsrate festzustellen. Die im Vergleich zu niedrigen Gehälter wurden deshalb angepasst.

Position	SAM monthly salary in RMB	Benchmark
Fahrer	5.500	4.000 – 5.000
Sekretärin (gute Englischkenntnisse)	6.500	5.700 – 6.700
Facharbeiter	9.200	8.900 – 9.900
Section Head (SH)	19.000	21.000 – 26.000
Team Leader (TL)	11.000	14.000 – 19.000
Department Head (DH, 2. Management-Ebene)	25.000	32.000 – 42.000

Abb. 12.4 Vergleich des Gehaltsspiegels von SAM mit Branchen/Regionen-Benchmark 2014

Inhaltspunkte	SAM	Benchmark
Wettbewerbsverbote	Nein	Ja
Kostenübernahme bei Weiter- und Fortbildung	Teilweise	Ja
Gestaffelte Rückzahlung der Ausbildungskosten bei Eigenkündigung	Nein	Ja
Bonusvereinbarung	10 % vom Gesamtgehalt	20 - 25 %
Zusätzliche Zahl der Monatsgehälter	1	bis zu 3 Chinesisches Neujahr, Tag der Arbeit (1. Mai), Gründung der VR China (Oktober)

Abb. 12.5 Inhaltlicher Vergleich des Rahmenstandardarbeitsvertrags (2006)

12.6   Check der Arbeitsverträge

Die inhaltliche Durchsicht kam zu dem Ergebnis, dass Wettbewerbsklauseln und die Kostenübernahme von Weiterbildungsmaßnahmen sowie deren Rückzahlungsverein-barung in den Arbeitsverträgen nicht verankert waren (Abb. 12.5).

Ein Mitarbeiter bei SAM war eindeutig schlechter gestellt als in einer vergleich-baren Firma der Branche. Firmenseitig wurde auch auf Leistungsorientierung nicht so viel Wert gelegt. Der Anteil der Bonus -Vergütung am Gesamtgehalt war im Branchen-durchschnitt in der Region mehr als doppelt so hoch. Im Zuge der für den Mitarbeiter positiven Gehaltsanpassung wurden gleichzeitig zusätzliche Vertragsbestandteile (wie Non-Competition etc.) einvernehmlich ergänzt.

12.7   Führungseigenschaften des Managements

Abwanderungstendenzen bei Mitarbeitern sind nicht nur auf ungenügende betriebliche Leistungen zurückzuführen, sondern sie sind auch Spiegelbild der Führungsqualitäten des Managements (Abb. 12.6).

Durch die Führungsschwächen des Geschäftsführers war u. a. die hohe Fluktuations-rate seiner Mitarbeiter (zweite Management-Ebene) zu erklären. Das gleiche Audit wurde auf allen Hierarchieebenen mit Führungsverantwortung (DH, SH, TL) durch-geführt und entsprechende Coaching-Maßnahmen wurden vorgeschlagen. Im persön-lichen Audit sowie in der indirekten Befragung des Führungskreises (DH, SH, TL)

Herkunft	Malaysischer Übersee-Chinese, geb. in der Provinz Guangdong (Deutscher Pass)
Alter	53
Führungsmerkmale	▫ Stark autoritär ▫ Stellt in der Kommunikation mit seinen Mitarbeitern keine persönliche Ebene her ▫ Direkt, ungeduldig, überheblich
Kommunikationsform	▫ Wenig Sitzungen ▫ Order werden per Computer angewiesen

Abb. 12.6 Führungsqualitäten des Geschäftsführers

wurden eklatante Führungsschwächen des Geschäftsführers identifiziert. Sofortmaßnahmen wie Führungstrainings und ein halbjährliches Coaching griffen und verbesserten nachhaltig den Führungsstil.

12.8   Bewertung der außerbetrieblichen Aktivitäten

Der Arbeitgeber ist für den chinesischen Mitarbeiter mit der Familie gleichzusetzen. Dementsprechend ist die Erwartungshaltung des Mitarbeiters hoch. Er will mit seinem Vorgesetzten und seinen Kollegen auch nach der Arbeitszeit gemeinsame Zeit verbringen. Insofern sind Veranstaltungen im betrieblichen Rahmen, die für die Chinesen auch privaten Charakter haben, für deren langfristigen Verbleib in der Firma sehr wichtig (Abb. 12.7). Die außerbetrieblichen Aktivitäten wurden gemäß dem Benchmark aufgestockt.

12.9   Personalentwicklungsmaßnahmen

Für den chinesischen Mitarbeiter ist das berufliche Vorankommen von Bedeutung, und zwar insbesondere seine Förderung im Hinblick auf eine Höherqualifizierung und der damit einhergehenden Erhöhung des Marktwertes (Abb. 12.8).

Art der Aktivitäten	SAM	Benchmark
Betriebsfeier	1 pro Jahr	3 pro Jahr
Mehrtägiger Betriebsausflug auf folgenden Ebenen:		
Department Head	Keine	Anlassbezogen als
Section Head	Keine	Motivation
Team Leader	Keine	
Unternehmenssport: Fußballturnier	Ja	Ja
Tischtennis	Nein	Ja
Bowling	Ja	Ja
Einladung zum Abendessen auf folgenden Ebenen:		
Department Head	Ja (1x im Quartal)	Ja (monatlich)
Section Head	Nein	Ja (monatlich)
Team Leader	Nein	Ja (monatlich)

Abb. 12.7   Vergleich außerbetrieblicher Aktivitäten im Benchmark

Maßnahmen	SAM	Benchmark
Interne Fortbildung in Shanghai	Einarbeitung an der Maschine 30 MT	30 Tage
Externe Fortbildung im Stammhaus Deutschland	Selten, nur 30 Tage	3 Monate
In einem anderen verbundenen Unternehmen	Keine	3 Monate
Berufsbegleitende MBA-Studiengänge	Kein Angebot	Bei High Potentials Standard für Mitarbeiterbindung
Führung von Personalgesprächen	Selten, nur nach Bedarf	Zweimal pro Jahr mindestens

Abb. 12.8   Personalentwicklungsmaßnahmen

12.10 Ergebnisse des Management-Audits

Den Anteilseignern wurden in einer Präsentation konkrete Verbesserungsvorschläge unterbreitet:

- Die Anmietung eines Wohnungstraktes für die Belegschaft in der Nähe der Fertigung auf Kosten des Arbeitgebers wurde sofort umgesetzt, ebenso die Bereitstellung von Kantinenmahlzeiten.
- Die Gehälter für DH, SH und TL wurden auf Marktniveau angehoben und mit branchenüblicher Leistungsorientierung (Bonus) versehen. Im Hinblick auf die Facharbeiter wurde eine Gehaltsanpassung vorgeschlagen, um eine drohende Kündigungswelle zu verhindern.
- Im Zuge der Gehaltsanpassungen wurden da, wo es sinnvoll erschien, Wettbewerbsklauseln im Vertrag aufgenommen. Dabei wurde auch eine klare Regelung hinsichtlich der vollständigen Kostenübernahme sowie der Staffelung der Rückzahlung bei Eigenkündigung des Mitarbeiters in den Arbeitsverträgen verankert.
- Die außerbetrieblichen Aktivitäten wurden erweitert und qualitativ verbessert.
- Die Personalentwicklungsmaßnahmen wurden bei förderungswürdigen Mitarbeitern geprüft und vorgestellt.

Im Zuge von mehr als 40 Jahren Investitionstätigkeit von westlichen Unternehmen in China konnten immer wieder auftretende Schwachpunkte und Hindernisse in der Zusammenarbeit beispielsweise von ausländischen Fachkräften mit Chinesen festgestellt werden. Aus diesem Erfahrungsschatz werden Verbesserungspotenziale sowohl bei Mitarbeitern als auch bei Vorgesetzten veranschaulicht. Zuerst werden bestimmende Eigenheiten wie Seniorität und Hierarchied enken sowie deren Relevanz für das Management erklärt. Schwierigkeiten bei der Delegation von Aufgaben sowie diesbezügliche Lösungen machen an konkreten Beispielen klar, worauf besonders zu achten ist (Dos and Don'ts). Deshalb ist es umso wichtiger, sich möglicher Schwachpunkte in der Aufgabendelegation bewusst zu werden. Hierbei sind Erfahrungswerte in der Zusammenarbeit zwischen Chinesen und Ausländern sehr hilfreich.

13.1 Seniorität und Hierarchiedenken – Fallstricke für das westliche Management

In China haben Seniorität und Hierarchiedenken eine Jahrtausend alte Tradition. Im Hinblick auf das Einführen von westlichen Managementmethoden und Effizienz sind diese Prinzipien eher leistungshemmend und kontraproduktiv.

13.1.1 Seniorität

Im krassen Gegensatz zur amerikanischen Geschäftswelt, in welcher die Juniorität herrscht und der Manager ab 45 Lebensjahren „zum alten Eisen" gehört, steht die Volksrepublik China. Haben in den Vereinigten Staaten eher junge Manager Chancen, die

Karriereleiter zu erklimmen, werden in China die Senior-Management-Positionen eher von reiferen Managern besetzt.

Der Begriff Seniorität umfasst im chinesischen Kontext zwei Bedeutungen: Zum einen ist darunter das absolute Alter zu verstehen, das heißt, an den Hebeln der Macht sitzt im übertragenen Sinne die ältere Generation. Zum anderen beinhaltet Seniorität auch, dass der Ältere immer vor dem Jüngeren kommt, hierbei spielt das Alter im Vergleich eine Rolle. Dieses Prinzip ist in den Köpfen stark verwurzelt, wie nachfolgendes Beispiel belegt: Eine Frau bekommt Zwillinge. Obwohl zwischen der Geburt des Erstgeborenen und dem ihm Folgenden nur wenige Minuten liegen, wird der Erstgeborene Zeit seines Lebens der „ältere Lin" (Familienname) und der andere „jüngerer Lin" genannt.

Neben dem Alter drückt sich Seniorität auch in der Dauer der Betriebszugehörigkeit und der politischen Betätigung (Parteibuch) aus. Die Installierung von leistungsabhängigen Gehaltsstrukturen stößt auf Schwierigkeiten, da in vielen Unternehmen die Älteren höhere Löhne und Zulagen erhalten als die Jüngeren, obwohl sie – die Älteren – weniger leisten. In manchen Regionen ist dies heute immer noch der Fall. Gerade auch die Einführung eines Akkordlohnsystems im Produktionsbereich ging in der Industrie nur schleppend voran, weil sie vom älteren Management mit den vermeintlichen Vorrechten verhindert wird. Bei der Teamarbeit ist es fast unmöglich, dass sich ältere Mitarbeiter einem jüngeren Teammitglied unterordnen.

13.1.2 Hierarchiedenken

Dreitausend Jahre Monarchie haben durch die Feudalstruktur die Chinesen obrigkeitshörig gemacht. Der dreißig Jahre andauernde Kommunismus hat die angestammte Hierarchiestruktur der Feudalzeit noch weiter zementiert. Planerfüllung von oben nach unten für die Zentrale war in der maoistischen Kommandowirtschaft stark verankert. Dieses Hierarchiedenken ist so tief im chinesischen Bewusstsein eingebettet, dass selbstständiges Denken und eigenständiges Mitdenken beim chinesischen Führungsnachwuchs nicht immer sehr ausgeprägt sind. Eigeninitiative würde auch dem allgegenwärtigen Prinzip der Hierarchie widersprechen. Das Hierarchiedenken hemmt größtenteils auch in der betrieblichen Praxis den Informationsfluss auf horizontaler Ebene: Wenn der chinesische Manager von einem anderen Kollegen, der rangmäßig auf derselben Stufe steht, eine Anweisung erhält, kann es durchaus vorkommen, dass er diese mutwillig überhört. Erteilt stattdessen der Vorgesetzte einen Auftrag, so wird dieser auch ausgeführt. Teamarbeit, bei der die Teamstruktur nicht den Hierarchiestufen entspricht, funktioniert nicht.

Beispiel

Ein Team zur Ursachenforschung des Ausschusses in der Produktion sollte gebildet werden. Der Teamleiter war der Qualitätsbeauftragte und die anderen Teammitglieder waren die Leiter der Abteilungen Einkauf und Produktion. Da die Teammitglieder hierarchisch über dem Teamleiter standen, wurde die Leitung des Teams durch die Einkaufs- und Produktionsleiter absichtlich sabotiert.

Auch beim Organisationsaufbau eines Unternehmens sollte auf die Bedeutung der Hierarchie geachtet werden.

Beispiel

Bei einer Due Diligence wurde die Ursache für die Produktmängel festgestellt: Dem Produktionsleiter war die Qualität untergeordnet, das heißt, das Qualitätswesen war der Produktion nicht gleichrangig. Dies führte dazu, dass schon vom Organigramm her der Qualität nicht die entsprechende Bedeutung beigemessen wurde und die Qualität der Produkte nicht internationalen Standards entsprach. Dies änderte sich schlagartig, nachdem der Qualitätsverantwortliche hierarchisch auf die gleiche Stufe mit dem Produktionsleiter gestellt wurde.

13.2   Empfehlung für die gelungene Aufgabenerteilung

Dass Aufgaben nicht richtig oder zu spät erledigt werden, kann einerseits am Mitarbeiter, andererseits jedoch auch am Vorgesetzten selbst liegen. Allzu oft kommt dies im Tagesgeschäft vor, wenn der Vorgesetzte nicht weiß, wie er den chinesischen Manager richtig zu führen hat.

Hinsichtlich der Aufgabenerfüllung können beim Mitarbeiter folgende Probleme auftreten:

* Obwohl der Mitarbeiter die Aufgabenstellung nicht richtig verstanden hat, beantwortet er die Frage, ob er alles verstanden habe, mit „Ja".
* Er stellt zu wenig Rückfragen und behauptet, er könne alles.
* Er ist überfordert.
* Er hat sich keine Gedanken gemacht, bis wann er die Aufgabe erledigen will, obwohl ihm kein definitiver Termin für die Abgabe vorgegeben wurde.
* Er hat überhaupt keine Zeitplanung gemacht und die Aufgabe zu spät abgegeben (kein Zeitgefühl).

Bei der Aufgabendelegation ist der Vorgesetzte seinem Führungsanspruch nicht gerecht geworden, weil er

* das Feedback des Mitarbeiters falsch interpretiert,
* zu wenige oder überhaupt keine Verständnisfragen gestellt,
* keine Hilfe angeboten und/oder
* keinen Zwischenbericht eingefordert hat.

Um die gegenseitigen Missverständnisse durch das eigene Handeln zu vermeiden, sollten in der Zusammenarbeit mit chinesischen Mitarbeitern folgende Empfehlungen beherzigt werden:

- Anweisungen sind möglichst präzise und detailliert zu geben.
- Bei mehreren Aufgaben ist eine Priorisierung vorzugeben, woraus ersichtlich ist, in welcher Reihenfolge die Aufgaben zu erledigen sind.
- Es müssen Verständnisfragen gestellt werden, um herauszubekommen, ob der Mitarbeiter die Aufgabe auch wirklich bis ins kleinste Detail verstanden hat.
- Nach dem Gespräch sollte der Mitarbeiter ein Protokoll anfertigen, um zu sehen, ob die Aufgabe richtig verstanden worden ist. Dabei sind Verständnisfragen zu stellen.
- Bei zeitaufwendigen Aufgaben muss vereinbart werden, dass nach einem relativ kurzen Zeitabschnitt erste Zwischenergebnisse (Zwischenstand) vorgelegt werden, um sicherzustellen, dass der Mitarbeiter in die „richtige Richtung" arbeitet.
- Nach Erteilung der Aufgabe ist immer ein genauer Zeitrahmen (Abgabetermin wie Datum, Uhrzeit etc.) und in welcher Form die Aufgabe abzugeben ist, zu benennen.
- Oft wird etwas von chinesischen Mitarbeitern behauptet, das nicht nachvollziehbar ist, mit der Begründung, in China sei das so. Dies ist nachzuprüfen (Ursprungsbeleg, beispielsweise steuerliche Bekanntgabe, Investitionsrichtlinie etc.).
- Informationsinhalte sollten schriftlich fixiert werden. Chinesen sind mehr auf die Aufnahme schriftlicher Details geprägt (Schriftfixierung).
- Bei wichtigen Aufgaben sollte das Protokoll durch denjenigen gemacht werden, dem die Aufgabe konkret übertragen wurden. Dabei sind Schlüsselfragen zu stellen, die notwendig sind, um die Komplexität der Aufgabenstellung zu begreifen.

13.3   Lessons Learned bei der Übertragung von Aufgaben

Anhand von zwei Beispielen in der Aufgabendelegation sollen Kardinalfehler und die dazugehörigen Lösungswege (Best Practices) aufgezeigt werden.

13.3.1 Vorgabe der Struktur für die Aufgabenerfüllung

Beim Abfragen bestimmter Details ist die Struktur der Antwort stets vorzugeben.

Beispiel

Der in Deutschland stationierte, für den weltweiten Verkauf verantwortliche Manager nach den regionalen Verkaufszahlen in China für Shampoo. Erst einmal kam keine Reaktion von dem Zuständigen des Tochterunternehmens in Shenzhen. Dann wurden nur spärliche Informationen per E-Mail geschickt, die kein gesamtes Bild ergaben.

Außerdem ergab die Summe der Provinzumsätze nicht anteilig 100 %, sondern 130 %. Der Global Sales Director hätte besser daran getan sich zu überlegen, in welcher Form und wie sein Ergebnis auszusehen hat. Dies veranschaulicht die an den zuständigen in China zu schickende Formvorlage Abb. 13.1.

Formvorlage für Shampoo-Umsätze nach Regionen und Jahren

Provinz	Umsätze in Mio. RMB			Anteil in % vom Gesamtumsatz		
	2016	2017	2018	2016	2017	2018
Macao						
Hongkong						
Shanghai						
Tianjin						
Beijing						
Jiangsu						
Shandong						
Henan						
Zhejiang						
Guangdong						
Anhui						
Chongqing						
Hebei						
Hubei						
Hunan						
Liaoning						
Fujian						
Jiangxi						
Hainan						
Shanxi						
Guizhou						
Guangxi						
Shaanxi						
Sichuan						
Jilin						
Yunnan						
Ningxia						
Heilongjiang						
Gansu						
Innere Mongolei						
Xinjiang						
Qinghai						
Tibet						

Abb. 13.1 Formvorlage Shampoo-Umsätze nach Regionen und Jahren (in RMB)

13.3.2 Ganzheitliches Erfassen der systematischen und nachhaltigen Bewältigung der Teilaufgabe

Mit dem Abarbeiten der Teilaufgabe erledigt sich für den chinesischen Mitarbeiter die Gesamtaufgabe. Das Phänomen tritt des Öfteren auf: Nachdem der Mitarbeiter die Teilaufgabe erledigt hat, konzentriert er sich nicht mehr auf den nachfolgenden Schritt und gefährdet damit letzten Endes das Ergebnis der gesamten Aufgabe. Hierzu folgen einige Beispiele:

Beispiel Angebotsanfrage
Es werden Angebote angefragt, aber nicht nachgehakt, ob diese auch eingegangen sind. Erst bei wiederholtem Nachfragen des Vorgesetzten wird dann nachgehakt.

Beispiel Nachhaken beim Kunden
Beim letzten Kundengespräch vor Jahresende mit einem Großkunden in Gegenwart des Chinaverantwortlichen und des chinesischen Verkäufers, der für diese Region verantwortlich ist, deutet der wichtige Kunde an, dass er gedenkt, unterjährig die Verkaufsmenge aufzustocken. Daraufhin passiert seitens des Regionalverkaufsleiters nichts. Gegen Mitte des Jahres fragt der Chinaverantwortliche nach, ob sich der Regionalverkaufsleiter bei dem Großkunden wegen der Mengenanpassung erkundigt habe. Das war nicht der Fall.

Beispiel Terminierung
Die Sekretärin des Geschäftsführers hat die Aufgabe, einzelne Gesprächstermine für die aus Deutschland kommenden Anteilseigner zu machen. Da ein Zweitwerk errichtet werden sollte, hat der Geschäftsführer die Sekretärin angewiesen, auch bei der zuständigen Investitionsbehörde einen Termin zu machen. Erst beim Durchgehen des Besuchsplans aus Deutschland kam heraus, dass die Investitionsbehörde nicht berücksichtigt wurde. Was war geschehen? Die Sekretärin hatte die Nachricht per E-Mail versandt, die den Adressat nie erreicht hat. Die E-Mail-Adresse hatte sich geändert, und der Sekretärin ist nicht aufgefallen, dass keine diesbezügliche Antwort einging.

Beispiel Kundenanfrage
Ein Kunde bittet um ein konkretes Angebot und sendet dafür seine gewünschten Spezifikationen. Da diese vom chinesischen Sachbearbeiter nicht verstanden wurden, wird das Angebot nicht bearbeitet und bleibt liegen.

Die Vermeidung solcher Leistungsdefizite basiert auf der Verbesserung der eigenen Organisation des Vorgesetzten und des Mitarbeiters. Da der Mitarbeiter es am Anfang nicht allein bewältigt, muss auch sein Vorgesetzter den gesamten Vorgang und seine Teilaufgaben überwachen. Für beide ist es wichtig,

- selbst die Termine zu notieren, um bei fehlender Rückmeldung zum Arbeitsfortschritt zeitnah nachfassen zu können,
- sich den Vorgang nach einer bestimmten Zeit, wieder vorlegen zu lassen, damit beim Kunden wegen der Mengenanpassung nachgefragt werden kann,
- grundsätzlich dem Mitarbeiter den Gesamtüberblick über das Projekt zu geben, und ihm Ziel und Ergebnis der Aufgabe, die Bedeutung der Teilschritte und dessen erfolgreiches Durchlaufen zu erläutern,
- den nächsten Schritt der Teilaufgabe zu erklären,
- die Terminsetzung beim Mitarbeiter für das Angebot, bis wann die Rückantwort eingegangen sein muss, festzulegen,
- ein Pflichtenheft für wichtige Kunden anzulegen, mit Erinnerungsmodus auf der Zeitschiene,
- Raster für Aufgaben vorzugeben, woraus auf einen Blick ersichtliche ist, wann die Rückmeldung für die Besuchsplanung eingegangen ist und
- beispielsweise den Eingang von Kundenanfragen in ein zentrales Netzwerk von den betreffenden Mitarbeitern zeitnah eingeben zu lassen.

13.4   Dos and Don'ts

In der Zusammenarbeit mit dem chinesischen Mitarbeiter hat der westliche Vorgesetzte auf verschiedene ungeschriebene Regeln zu achten, die den anderen Arbeitseigenheiten, den Bezug zur Zeit und der teilweisen Nichterkennung der Priorität Rechnung tragen (Abb. 13.2).

13.5   Kritik an Mitarbeitern und Vorgesetzten

Die direkte Kritikansprache war in China seit Jahrtausenden tabu. Der hierarchisch höher Stehende wurde nie kritisiert oder gar in Frage gestellt. Kritik gar unter mehr als vier Augen an einen Mitarbeiter zu richten, ist mit einem Gesichtsverlust für den Betroffenen verbunden. Kritik ist ein ganz neues Element der Kommunikation in China und hat keine Tradition. Deshalb sollte mit diesem Mittel behutsam umgegangen werden. Das Gleiche gilt für Verbesserungsvorschläge, diese werden – wenn überhaupt – nur umgesetzt, wenn sie massiv eingefordert werden.

Dos	Don'ts
Der Vorgesetzte fragt den Mitarbeiter nach seiner Familie und wie es ihm geht und kommt danach auf die eigentliche Aufgabenstellung.	Der Vorgesetzte spricht sofort die Aufgabe an, ohne auf die persönlichen Dinge des Mitarbeiters einzugehen und fällt mit der Tür ins Haus.
Der Vorgesetzte nimmt sich Zeit bei der Erläuterung der zu bewerkstelligenden Aufgabe.	Der Vorgesetzte gibt dem Mitarbeiter zwischen Tür und Angel eine Aufgabe ohne weitere Erklärung.
Der Vorgesetzte fordert einen Zwischenstand in Form eines Berichtes bei dem Mitarbeiter an.	Der Vorgesetzte wartet, bis das Endergebnis vorgelegt wird.
Der Vorgesetzte lobt diejenigen, die Fragen stellen, wegen ihrer intelligenten Fragen.	Der Vorgesetzte beantwortet Fragen ungeduldig, als ob sie ihm lästig sind.
Komplexe Sachverhalte werden durch sehr viele Grafiken, Charts etc. veranschaulicht.	Es wird nur wenig Anschauungsmaterial zur Klärung der Thematik zur Verfügung gestellt.
Nach dem Abgabetermin wird ein angemessener Zeitpuffer mit einkalkuliert.	Nach dem Abgabetermin wird kein Zeitpuffer eingeplant.
Vom Vorgesetzten sind diszipliniert die zu übertragenden Aufgaben gemäß Priorität nacheinander durchzusprechen und der Mitarbeiter soll wiederholen, welche Aufgabe zuerst getan werden muss.	Der Vorgesetzte springt von einem Thema zum anderen, sodass der Mitarbeiter weder die genaue Aufgabenstellung erfährt, noch weiß, mit welcher Aufgabe er von ihrer Wichtigkeit her beginnen soll.

Abb. 13.2   Übersicht der Dos and Don'ts bei der Aufgabenerteilung

13.5.1 Kritik an Mitarbeitern

- Muss Kritik geübt werden, sollte dies nicht coram publico geschehen, denn sonst verliert der kritisierte Mitarbeiter das Gesicht vor den anderen.
- Wichtig ist, dass der ausländische Vorgesetzte vor dem Gespräch in Erfahrung bringt, ob der Mitarbeiter solche Gespräche bereits mit anderen ausländischen Vorgesetzten geführt hat, das heißt, ob er Kritik gewohnt ist.
- Die Kritik an Mitarbeitern kann bei wiederholtem Fehlverhalten des Mitarbeiters auch eingesetzt werden, um zu zeigen, dass der Mitarbeiter sich nach einer neuen Stelle umsehen sollte. Dies kann jedoch nicht direkt gesagt werden (Gesichtswahrung).
- Kritik kann man aber auch indirekt beispielsweise in Abteilungssitzungen geübt werden, ohne jedoch den zu Kritisierenden namentlich zu erwähnen oder anzusehen. Dies ist ein gutes Instrument zur Vorwarnung und gibt dem Mitarbeiter die Möglichkeit, bestimmte Verhaltensweisen abzustellen.
- Kritik sollte immer positiv geäußert werden.

Ein Beispiel für die Kritik gegenüber dem Mitarbeiter:

Falsch   „Sie führen ihre Aufgabe nicht richtig aus, weil sie zu viele Angebote nicht detailliert genug erstellen."

Richtig   „Wenn wir unser Unternehmen erfolgreich machen wollen, müssen wir künftig Angebote detaillierter anfertigen."

13.5.2 Kritik am Vorgesetzten

Aufgrund des historischen Hintergrundes ist dies ein Tabu. Ein Feed-back ist aber gerade in der Mitarbeiterführung für den Vorgesetzten unerlässlich. Aus diesem Grund sollte ein Mitarbeitergespräch nicht an diesem Tabu rühren. Es sollte vielmehr so formuliert werden:

Was kann in unserer Zusammenarbeit verbessert werden?

oder:

Was kann ich als Vorgesetzter tun, um Ihre Arbeitsbedingungen zu verbessern?

Teil III
Verhandlungsstrategien

China hat als flächenmäßig drittgrößtes Land der Erde – es ist 27-mal so groß wie Deutschland – eine geografische Dimension, die einem Kontinent gleicht.

Verhandelt beispielsweise ein Geschäftsmann aus dem Stadtstaat Chongqing mit einem Verhandlungspartner aus Changchun, der Provinzhauptstadt von Jilin, so ist dies, wie wenn ein Hamburger mit einem mehr als 3100 km entfernten aus Nordafrika kommenden Kaufmann verhandelt. Niemand käme auf den Gedanken, dass der Hamburger und der Afrikaner sich der gleichen Verhandlungsstrategie bedienen. Bei einem so riesigen Land wie China ist dies gerade für einen auswärtigen Betrachter irreführend, weil es nicht „das China" gibt. Es besteht von der Landkarte her aus mehreren Teilen und ist ethnisch heterogen.

Aus diesem Grund kann es keine einheitliche Verhandlungsstrategie geben, weder eine bestimmte Taktik für ausländische Investoren, wie sie ihren chinesischen Partner begegnen sollen, noch eine bestimmte Taktik, welche die chinesische Seite wählt, um ihrem Counterpart zu entsprechen. Trotzdem kann sich der ausländische Geschäftsmann an verschiedenen Verhandlungstaktiken anhand bewährter Praxisbeispiele orientieren.

14.1 Vorbereitung der Verhandlung

In China werden Verhandlungen wesentlich gründlicher vorbereitet als in Deutschland, intern für die chinesische Seite protokolliert, nachbereitet und mit der jeweils nächsten Hierarchieebene abgestimmt. Beispielsweise treten die Chinesen mit dem Wunschpartner in Verhandlung, wenn ihnen detaillierte Angebote und Kalkulationen, aufgeschlüsselt nach Gewerken sowie Lastenhefte der Konkurrenten vorliegen. Dann folgt das Abklopfen seitens der chinesischen Seiten auf die Wettbewerbsfähigkeit des vorgestellten Angebots des westlichen Unternehmens.

© Springer Fachmedien Wiesbaden GmbH, ein Teil von Springer Nature 2018   131
K. Waldkirch, *Erfolgreiches Personalmanagement in China,*
https://doi.org/10.1007/978-3-658-23043-2_14

Im umgekehrten Falle baut der chinesische Verkäufer die Preisverhandlung gegenüber dem europäischen Einkäufer anders auf: Vor der Verhandlung recherchiert die chinesische Seite nach dem Preis des Produktes auf dem Weltmarkt und positioniert sich mit 20 bis 25 % unter diesem. Für die ausländische Seite sind auch Hausaufgaben zu erledigen: Zu dieser Vorbereitung gehört auch, im Vorfeld soviel wie möglich über den Verhandlungspartner in Erfahrung zu bringen. Dazu zählt einerseits das Unternehmen und seine Entscheidungs- sowie Gesellschafterstruktur. Hinweise hierzu können lokale Auskunfteien, Sinotrust, Dun & Bradstreet und Daily Credit Management Ltd. u. a. liefern. Andererseits ist einer der wichtigen Erfolgsfaktoren, auch das persönliche Umfeld des Verhandlungspartners zu kennen. Sicherlich hat die lokale Vertretung in China oder die Tochtergesellschaft vor Ort Möglichkeiten, mehr Informationen zu Vorlieben, Hobbies, Lieblingsküche oder -sportart herauszufinden.

Die Zusammensetzung der chinesischen Verhandlungsdelegation sollte auch genau unter die Lupe genommen werden. Oft unterschätzen die westlichen Unternehmen die politische Dimension bei Verhandlungen. Politische Würdenträger wie Parteisekretäre oder Bürgermeister haben in solchen Delegationen oft eine hohe Durchschlagskraft auf die letztendlichen Entscheidungsträger. Die chinesische Verhandlungsphalanx bündelt deren gesamte Kompetenz hinsichtlich des kaufmännischen, technischen, juristischen etc. Sachverstandes. So sollte das westliche Verhandlungsteam auch mit einer entsprechenden Expertise aufwarten.

Außerdem benötigt das Verhandlungsteam im chinesischen Verständnis einen Teamleiter oder -sprecher, auch wenn alle Teammitglieder hierarchisch auf gleicher Ebene stehen sollten. Selten verhandeln die Chinesen selbst in englischer Sprache; sie vermeiden dies, obwohl viele des Englischen mächtig sind. Aus diesem Grund ist die chinesische Seite mit mindestens einem oder mehreren Dolmetschern vertreten. Die westliche Seite sollte auch einen eigenen Übersetzer mitbringen, um nicht in eine Abhängigkeit zu geraten. Die Qualität der Dolmetscher hat im Bereich Technik sowie Wirtschaft noch nicht das Niveau wie beispielsweise in westlichen Sprachen wie Englisch oder Französisch erreicht. Missverständnisse und Unklarheiten sind vorprogrammiert.

An den Dolmetscher sind folgende Anforderungen zu stellen:

- Loyalität zum Auftraggeber
- Fachkompetenz
- Technische oder betriebswirtschaftliche Versiertheit (Wortschatz und Verständnis)
- Vertrautheit mit dem Unternehmen und Produkt des Auftraggebers.

Ein Dolmetscher braucht genügend Zeit, um sich vorzubereiten (detaillierte Unterlagen). In der Regel ist kein technisches oder betriebswirtschaftliches Verständnis vorhanden. Eine Möglichkeit ist, dass die lokale Vertretung diesen Part übernimmt, wenn das Unternehmen beispielsweise vor Ort über keine Repräsentanz oder Tochtergesellschaft verfügt. Idealerweise übersetzt ein Ingenieur aus der eigenen chinesischen Tochterfirma technische Sachverhalte. Deutsche Unternehmen stellen auch zunehmend chinesische

Werksstudenten als Praktikanten oder Festangestellte ein, um sie gezielt auf diese Aufgabe vorzubereiten und dann konkret einzusetzen. In dieser Konstellation häufen sich die Fälle, in denen gezielt Fachkräfte eingeschleust wurden, um Firmengeheimnisse auszuspionieren. Aus diesem Grunde ist hier Vorsicht geboten.

Ein anderer Aspekt, der zu oft dem Zufall oder dem chinesischen Verhandlungspartner überlassen wird, ist die Terminierung der Verhandlung. Chinesen sind es gewohnt, ihre Essenszeiten akribisch einzuhalten. Zum Mittagessen wird regelmäßig um 11:30 Uhr aufgebrochen und zum Abendessen um 17:30 Uhr. Es ist zu empfehlen, dieser chinesischen Eigenheit Rechnung zu tragen und mit der Verhandlung früh zu beginnen (08:30 oder 09:00 Uhr), da ansonsten der Verhandlungsfluss von den Essenszeiten sehr behindert wird. Oft wird aus Bequemlichkeit beim chinesischen Lieferanten verhandelt. In den Augen der Chinesen ist dies, als würde sich die ausländische Delegation in den „Pfuhl des Drachen" oder in die „Höhle des Tigers" begeben. Deshalb kann der Ort der Verhandlung für den Erfolg mitentscheidend sein. Alles spricht für einen neutralen Ort. Beispielsweise kann der Verhandlungsort am Standort des chinesischen Partners sein. Aber auch in einer anderen Region zu verhandeln, hat gute Ergebnisse erzielt. Der chinesische Verhandlungspartner aus Beijing konnte sich in einem Shanghaier Hotel von seinem Tagesgeschäft loslösen. Ein Konferenzraum in einem Hotel hat neben den sonstigen Annehmlichkeiten den Vorteil, dass ohne Zeitverlust die entsprechenden Mahlzeiten eingenommen werden können. Aber auch unter einem ganz anderen Gesichtspunkt bietet ein neutraler Standort wie ein Hotel für den ausländischen Verhandelnden Vorteile.

Beispiel

Die Einkaufsverhandlungen eines Schweizer Unternehmens kamen ins Stocken. Er entschied, seinen Standpunkt erneut darzustellen und dann die Verhandlungen auf den nächsten Morgen zu vertagen. Sehr wirkungsvoll verließ er mit seiner ganzen Delegation die Verhandlung und setzte sich in das nächste Taxi. Er ließ sich vom Lieferanten nicht festnageln, sondern war auch von den Transportmitteln vom Verhandlungspartner unabhängig. Am nächsten Morgen wurde die Verhandlung im Sinne des Schweizer Einkäufers fortgesetzt.

14.2 Unterschiedlicher Betreuungsaufwand aus chinesischer und deutscher Sicht

Das Betreuungsprogramm aus chinesischer und deutscher Sicht weist große Unterschiede auf. Zum einen lässt die chinesische Seite mehr Zeit zum Eingewöhnen, während die deutsche Seite „mit der Tür ins Haus fällt" und gleich die Verhandlung anberaumt. Auch wird dem kulturellen Aspekt eine höhere Wertschätzung beigemessen, als dies bei chinesischen Gruppen in Deutschland so gemeinhin üblich wäre (Abb. 14.1).

Zeitplan	Empfangsprogramm einer chinesischen Firma	Empfangsprogramm einer deutschen Firma
Mittwochnachmittag	▪ Abholen vom Flughafen	▪ Ankunft, nur evtl. Abholen
Mittwochabend	▪ Erholung von der Reise	▪ Verhandlung, erste Runde
Donnerstagvormittag	▪ Aufwärmen mit Informationsaustausch über Firma, Produkte, Verhandlungsziel und Privates ▪ Verhandlung, erste Runde	▪ Verhandlung, zweite Runde
Donnerstagnachmittag	▪ Verhandlung, zweite Runde ▪ Stadtrundfahrt, Shopping	▪ Verhandlung, dritte Runde ▪ Abschluss der Verhandlung
Donnerstagabend	▪ Einladung zum Essen ▪ Akrobatik-Aufführung oder Peking-Oper	▪ Abschied und Abreise
Freitag	▪ Ausflug in einem Umkreis von etwa 100 km	
Samstagvormittag	▪ Verhandlung, dritte Runde	
Samstagnachmittag	▪ Abschluss der Verhandlung	
Samstagabend	▪ Bankett	
Sonntag Vormittag	▪ Verabschiedung auf dem Flughafen	

Abb. 14.1 Vergleich Betreuungsprogramm in China und in Deutschland

14.3   Der gekonnte Verhandlungseinstieg

Deutsche Manager fallen in China oft negativ auf, indem sie zu direkt zum Thema kommen. Die Warming-up-Phase mit chinesischen Verhandlungspartnern ist länger als bei uns in Deutschland. Da der chinesische Gesprächspartner keinen Unterschied zwischen Beruf und Privatem macht, sollte im ersten Gespräch versucht werden, eine gemeinsame Wellenlänge zu finden. So ist es z. B. sinnvoll, den Verhandlungspartner am Vortag der eigentlichen Verhandlung zu einem gemeinsamen Essen einzuladen. Gerichte wie Hummer oder

Haifischflossensuppe zeigen die Wertschätzung gegenüber dem Gesprächspartner. Das Gespräch zu persönlichen Themen wie Familie, Hobbys etc. ist äußerst wichtig und dient dem Miteinander-warm-werden.

Das Eingehen auf den chinesischen Verhandlungspartner, insbesondere auf sein privates Umfeld, ist dabei bedeutend. Im Vorfeld hierzu sollten beispielsweise durch die Vertretung vor Ort in China Informationen gesammelt werden, mit dem Ziel, alles über den Gesprächspartner zu eruieren. Erfolgreiche Verhandler legen sogar über Gesprächspartner einen Spickzettel an, auf dem alle wesentlichen Informationen gesammelt sind. Dieser Spickzettel wird dann dem Kollegen oder Nachfolger, der mit dem gleichen Gesprächspartner verhandeln wird, weitergereicht. Die Verhandlungspartner führen ein paar Fotos von der Familie etc. mit sich, was bei den chinesischen Verhandlungspartnern sehr gut ankommt (Abb. 14.2).

Als gelungener Einstieg in die Verhandlung hat sich die Übergabe eines Geschenkes ganz zu Anfang bewährt. Der Anlass bestimmt grundsätzlich den Wert und die Größe des Geschenkes. Beispielsweise erhielt ein chinesischer Fabrikdirektor in Kanton am Vorabend des Firmenbesuchs eine Flasche Whiskey. Dies bewirkte, dass dem ausländischen Besucher auch der F&E-Bereich und die Qualitätsprüfstelle des Unternehmens gezeigt wurde, was vorher nicht so geplant war. Geschenke, nur als Gesten zu verstehen, drücken Wertschätzung aus und öffnen die Verhandlungen atmosphärisch. Beim ersten Kennenlernen etwas zu schenken, heißt, Gesicht geben und seinem Gegenüber die Möglichkeit einräumen, sich noch revanchieren zu können. Werden Geschenke an unterschiedliche Personen gegeben, ist auf die Hierarchie zu achten. Je höher die Position ist, desto teurer muss das Geschenk ausfallen (Abb. 14.3).

Dos	Dont's
Familie	Politik
Kinder	Sexualität/Homosexualität
	Menschenrechte
Hobbys	3 T: Taiwan, Tibet, Tiananmen
	Demonstration 1989
Lob und Anerkennung zu Chinas Errungenschaften	Kulturrevolution
Wertschätzung der Kultur und deren Denkmäler	Todesstrafe
Chinesische Küche	Kritik
	Belehrung

Abb. 14.2 Themenauswahl für den Small Talk

Dos	**Don'ts**
Rotes, hochwertiges Schreibgerät (Füller etc.) (Größe gemäß Hierarchieebene)	Käse
Geschenkartikel aus dem Heimatland mit Lokalcholorit: lokalen Boxbeutel, Norddeutscher Korn, Aschenbecher, Bierhumpen etc.	Regenschirm (assoziiert auseinander gehen, sich entzweien)
Werbegeschenke des Unternehmens samt Firmenlogo, z. B. Kugelschreiber, Visitenkartenbox, Kalender etc.	Storchfiguren oder ähnliches (sieht aus wie ein Reiher, Todesvogel)
Brandy und Cognac	Keine Plagiate oder „Fakes"
Lübecker Marzipan	Nichts „made in China"
Rotes Offiziersmesser (Schlüsselanhänger/USB-Stick-Version mit Laser-Pointer), rote Golfbälle	Keine Messer (außer s. links)
Feuerzeug (rot oder goldfarben)	Wand- und Standuhren (assoziieren Endstation)
Verpackung in knalligen Farben (rot, gold, gelb)	Verpackungen in tristen Farben (weiß, grau, schwarz)
Geschenke erst zu Hause auspacken!	Geschenke sofort auspacken!

Abb. 14.3 Geschenkempfehlung zur Verhandlungsanbahnung

14.4 Ausfindigmachen des Entscheidungsträgers

Beim Identifizieren des oder der Entscheidungsträger ist der erste Schritt zu klären, welche Rechtsform das Unternehmen besitzt, mit dem Verhandelt werden soll. Hierzu können internationale wie lokale Auskunfteien einen hilfreichen Beitrag leisten (s. Teil III, 1.1). Rechtlich gesehen stehen insgesamt vier Unternehmensformen als Verhandlungspartner zur Verfügung:

- Staatsbetriebe
- Gemeinschaftsunternehmen (Joint Venture)
- WFOE (Wholly-foreign-owned enterprise), 100 %ige ausländische Tochterunternehmen
- Privatunternehmen

Analog zur Rechtsform sind verschiedene Entscheidungsträger relevant (Abb. 14.4):

Um den Entscheidungsträgers ausfindig zu machen, müssen westliche Geschäftsleute zwei Schlüsselfragen beantworten:

1. Wer ist der wahre Entscheidungsträger? Es ist nicht gesagt, dass der chinesische Verhandlungsleiter der wirkliche Entscheider ist. Häufig bleibt der Entscheidungsträger im Hintergrund, quasi „hinter einem Bambusvorhang".

Rechtsform des Unternehmens	Relevante Entscheidungsträger
Staatsbetrieb	▪ übergeordnete Behörde (Instanz) ▪ Triumvirat (Generaldirektor, Parteisekretär, Gewerkschaftsvertreter)
Gemeinschaftsunternehmen (Joint Venture)	▪ Board of Directors ▪ Anteilseignerstruktur ▪ Verteilung der Ressorts gemäß den Gesellschaftsanteilen
WFOE, 100%iges ausländisches Tochterunternehmen	▪ Management (1. und 2. Ebene) ▪ Board of Directors ▪ Stammhaus (Anteilseigner)
Privatunternehmen	▪ Patriarch der Familie ▪ Nachfolger? ▪ Besetzung der wichtigen Ressorts durch Familienmitglieder

Abb. 14.4 Entscheidungsträger in verschiedenen Rechtsformen im Überblick

2. Wo ist der wirkliche Entscheider zu finden? Bei Verhandlungen, die außerhalb Chinas geführt werden, ist es von chinesischer Seite ein taktischer Zug, dass derjenige, der das letzte Wort über das Geschäft spricht, im „Reich der Mitte" bleibt und per Telefon über den Verhandlungsstand informiert wird.

14.5   Interne Entscheidungsstrukturen im chinesischen Staatsunternehmen

Alle Staatsunternehmen sind hierarchisch in die Behördenstruktur eingebettet. Die leidvolle Verhandlungserfahrung eines europäischen Anlagebauers macht dies deutlich:

Beispiel

Der europäische Anlagenbauer hatte bereits mehrere Monate in China mit seinem Wunschpartner verhandelt, als plötzlich die übergeordnete Behörde, das Maschinenbaubüro, in Erscheinung trat und erklärte, dass das chinesische Unternehmen unbefugt in Verhandlungen eingetreten sei. Das Maschinenbaubüro hatte selbst einen anderen Kooperationspartner ins Auge gefasst. Damit war die angestrebte Kooperation hinfällig.

Chinesischen Staatsbetrieben sind meistens eine Behörde hierarchisch übergeordnet. Diese besitzt im westlichen Sinne die Funktion eines 100 %igen Anteilseigners. Das europäische Staatsunternehmen hätte sich im Vorfeld mit den Entscheidungsstrukturen vertraut machen sollen, dann hätte der erste Weg zur Behördenmutter geführt.

Das Beispiel eines Energieanlagenbetreibers zeigt auf, wie die Interessen einzelner Gesellschafter zu bewerten ist.

China Offshore Water	Beijing	Zuständige Behörde: Staatsrat	80 %
Tianjin Investment	Tianjin	Zuständige Behörde: Stadtstaat Tianjin	10 %
Tanggu Powers Tanggu Port	Tanggu City	Tanggu	10 %

Abb. 14.5 Gesellschaftsstruktur der China Offshore Tang Company (COT)

Ein amerikanischer Konzern verhandelt über ein Dieselkraftwerk in dem Stadtstaat Tianjin. Die chinesische Seite besteht aus drei Gesellschaftern (Abb. 14.5).

Da die Amerikaner nicht wussten, dass die lokalen Gesellschafter insgesamt nur 20 % hatten, schenkten sie dem Majoritätsanteilseigner keine hohe Aufmerksamkeit. Das Ergebnis war, dass die australische Konkurrenz das Rennen machte, indem sie

- die Interessen der einzelnen Gesellschafter identifizierten,
- zu den einzelnen Gesellschaftern individuell Kontakt pflegten,
- mit den zuständigen Behörden Kontakt aufbauten (Courtesy Visits), damit bei Problemstellungen dort Ansprechpartner bekannt waren und
- herausfanden, dass die Schlüsselpositionen im Management gemäß der Anteilsverhältnisse der Gesellschaft besetzt sind.

14.6 Organisations- und Entscheidungsstrukturen im Gemeinschaftsunternehmen

Ein Gemeinschaftsunternehmen ist nach folgendem Muster aufgebaut: Der chinesische Partner bringt seine Arbeitskräfte, Fabrik und Grundstücke ein. Der ausländische Partner investiert Kapital, Maschinen und Technologie. Die Machtaufteilung im Joint Venture richtet sich nach der Sitzverteilung im Board of Directors.

In diesem konkreten Beispiel besteht der Board of Directors aus zehn Mitgliedern, die paritätisch von der deutschen und chinesischen Seite bestellt werden. Der Aufsichtsratsvorsitzende (Chairman) wird vom chinesischen Vertreter des deutschen Gesellschafters bestellt.

Im Management ist dies gerade umgekehrt. Nach fünf Jahren Amtsperiode stellt die deutsche Seite den Aufsichtsratsvorsitzenden und den Deputy General Manager (Abb. 14.6).

Die Verteilung der Sitze auf die einzelnen Gesellschafter erfolgt im Verhältnis der Geschäftsanteile am Stammkapital des Gemeinschaftsunternehmens. Die Anteilseigner entsenden quasi ihre Manager in das Joint Venture. Die sechs Ressorts sind paritätisch, jeweils drei für die deutsche und drei für die chinesische Seite, aufgeteilt (Abb. 14.7).

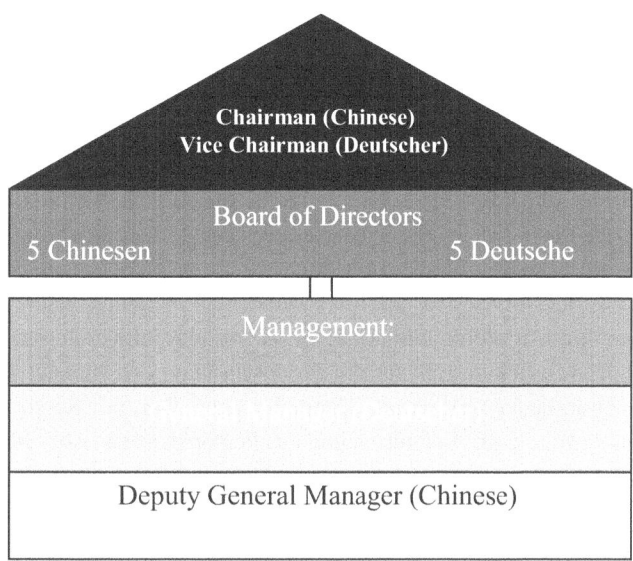

Abb. 14.6   Führungsstruktur eines Automobilherstellers

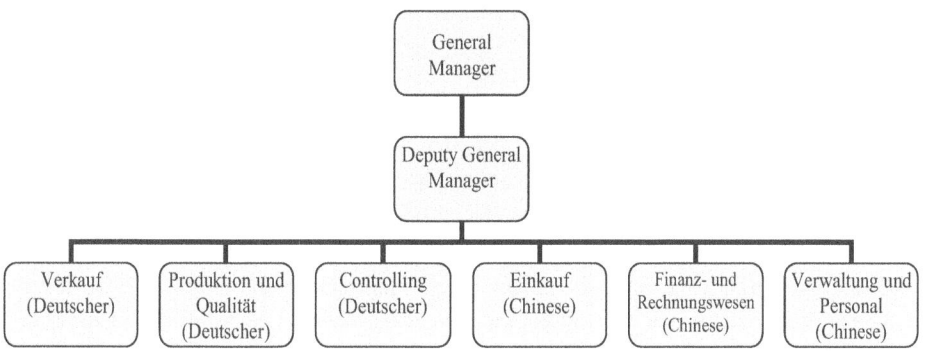

Abb. 14.7   Ressortaufteilung der zweiten Management-Ebene eines Automobilherstellers

Ein Automobilzulieferer im Bereich Innenausstattung verhandelt mit dem ausländischen Gesellschafter wegen einer OEM-Lieferung für das neue Automobil-
modell. Erst zum Schluss der Verhandlung fällt ihm auf, dass sein Ansprechpartner
im Einkauf von der chinesischen Seite gestellt wird. Trotz Chinas Beitritt zur Welthandelsorganisation (WTO) am 11.12.2001 wird es bis auf Weiteres nur internationale
Automobilkonzerne in China geben, bei denen ausländische Investoren höchstens 50 %
des Haftkapitals zeichnen können.

14.7   Managementstruktur im chinesischen Privatunternehmen

Beispielhaft soll die Entscheidungsstruktur eines chinesischen Privatunternehmens dargestellt werden. Das Unternehmen Global Bearing Ltd. Guangzhou wurde Mitte der 1980er Jahre von Herrn Washington Wang gegründet und es hat sich zu einem bedeutenden Partner für die internationale Industrie entwickelt. Die Schlüsselpositionen sind auf den engen sowie weiten Kreis der Familie ausgerichtet; der Sohn Charles Wang ist für den Verkauf zuständig und seine Mutter, die ihren Mädchennamen Lin behalten hat, besitzt die Verantwortung für die drei Bereiche Rechnungswesen, Personal und Verwaltung. Herr Fred Li wurde durch die Heirat mit der Schwester von Wang sen. zu dessen Schwager und zeichnet sich für die Produktion und den Einkauf verantwortlich. Weitere Familienmitglieder werden als Teamleiter unter den drei Ressorts positioniert, zum Beispiel für den Einkauf, Produktion und das Personalwesen (Abb. 14.8).

Was an der Organisationsstruktur geradezu ins Auge fällt, sind die drei hierarchisch auf gleicher Ebene angeordneten Ressorts. Zu erwarten wäre, dass die Position des Geschäftsführers direkt unter dem Chairman angesiedelt ist und nachrangig die anderen beiden Abteilungen von Fred Li und Rita Lin. Dem ist aber nicht so. Dies hängt mit der Seniorität zusammen: Charles Wang ist Mitte 30, während Schwager und Ehefrau des Firmengründers Wang sen. über 60 Jahre alt sind. Der Aufsichtsratsvorsitzende tritt nach außen nicht in Erscheinung, sondern erst, wenn wichtige Entscheidungen gefällt werden müssen.

Beispiel

Der europäische Maschinenbauer Patrick Technologies (PT) tritt in Verhandlung mit dem Unternehmen Global Bearing, Guangzhou, wegen eines Liefergeschäfts von Gleitlagern. Das Unternehmen PT kennt direkte Entscheidungsstrukturen nicht und weiß auch nicht um die Familienbande, die das Management verbinden. Es dauert lange, bis PT dahinter kommt, dass der eigentliche „Drahtzieher" der Gründer und „wahre" Chef Washington Wang ist, der wie „hinter einem Bambusvorhang" – für die westlichen Verhandler unsichtbar – die Entscheidungen trifft. Wenn er sich mit der Historie des

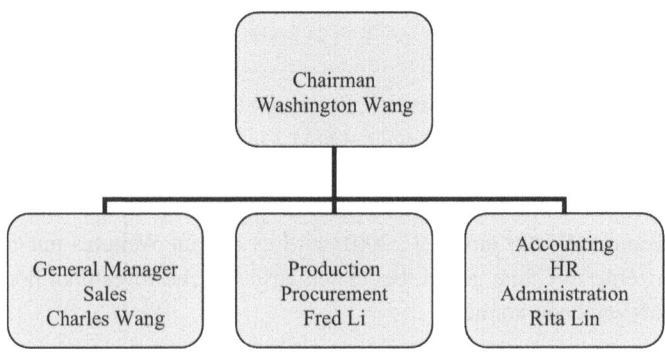

Abb. 14.8 Organigramm eines chinesischen Privatunternehmens

Unternehmens Global Bearing vertraut gemacht hätte, wäre PT auf den eigentlichen Firmenboss gestoßen. Folgerichtig wäre zuallererst ein Höflichkeitsbesuch unbedingt erforderlich gewesen. So tappt PT erst einmal im Dunkeln. Die Entscheidungsträger werden durch ein Ablenkungsmanöver über Herrn Fred Li so gesteuert, dass PT glauben soll, dass er sozusagen das Zünglein an der Waage ist.

Auch dieses Beispiel zeigt, wie wichtig es ist, sich in der Vorbereitung mit den Entscheidungsstrukturen sowie sich eben intensiver mit dem Verhandlungspartner im Vorfeld zu auseinandersetzen.

14.8   Verhalten der Chinesen in Verhandlungen

Das Verhalten der Chinesen in Verhandlungen kann sich je nach Standort, an dem die Verhandlungen stattfinden, sehr unterscheiden. In den seit 30 Jahren existierenden Sonderwirtschaftszonen (SWZ) in Südchina sind die Unternehmen sehr stark vom westlichen Management und Führungsstil geprägt worden. So ist es nicht verwunderlich, dass dort in der Regel die Chinaspezifika weniger zum Tragen kommen. Das Warmwerden mit Verhandlungspartnern (Small Talk) dauert nicht so lange und die Entscheidungskompetenz ist klar erkennbar. Bei der Verhandlung trifft die ausländische Delegation nicht unbedingt auf ein chinesisches Team, das verhandlungsleiterfokussiert ist. In Unternehmen, die an anderen Standorten wie Chinas Osten oder Westchina angesiedelt sind, sind die kulturspezifischen Verhaltensmerkmale ausgeprägter. Es ist oft eine sehr viel stärker verwurzelte Bürokratie anzutreffen als in den Städten der Ostküste und in den Sonderwirtschaftszonen (SWZ). Auch sind in der Regel die Verhandlungsdelegationen kleiner (Abb. 14.9).

14.8.1   Verhandlungsmerkmale

Folgende Verhandlungsmerkmale treten immer wieder auf:

- Chinesen verhandeln gerne und lange, deshalb sollte ein deutscher Unternehmer mehr Zeit für eine Verhandlungsrunde in China einkalkulieren.
- Wichtige Entscheidungen werden oft beim Essen gefällt.
- Chinesen verhandeln oft in großen Gruppen (10 bis 15 Personen).
- Nicht alle am Tische verhandelnden oder teilnehmenden Chinesen müssen zwangsweise mit dem chinesischen Verhandlungspartner etwas zu tun haben oder zur Belegschaft des chinesischen Unternehmens gehören.
- Es ist nicht immer sichergestellt, dass sich der Entscheidungsträger unter der Verhandlungsdelegation befindet.
- Im chinesischen Verhandlungsteam gibt es immer einen Verhandlungsleiter. Der ausländische Verhandlungspartner sollte seinerseits auch einen Verhandlungsleiter bestimmen.

Kulturspezifische Verhaltensmerkmale	Verschiedene Regionen		
	SWZ	Ostküste	Westchina
Small Talk – Long Talk	•	••	•••
Entscheidungsträger nicht erkennbar/identifizierbar („hinter dem Bambusvorhang")	••	••	•••
Verhandlungsleiterfokussiert	•	••	••/•••
Größe der chinesischen Verhandlungsdelegation	•	••	••
Bürokratie	•	••	•••

(• weniger ausgeprägt, •• ausgeprägt, ••• sehr ausgeprägt)

Abb. 14.9 Kulturspezifische Verhandlungsmerkmale verschiedener Regionen

- Entsprechend der Investitionsgröße des zu verhandelnden Projektes hat sich gezeigt, dass die Entscheidungsfindung sehr politisch (political driven) ausgerichtet sein kann.
- Mobiltelefone klingeln, und es wird geraucht.
- Kommen und Gehen während der Verhandlung sind an der Tagesordnung.

Beispiel für die Zusammensetzung einer chinesischen Delegation und deren Entscheidungsträger

In Deutschland wird über eine Kläranlage für die Stadt Wuhu in der Provinz Anhui verhandelt. Eine Delegation hat sich angesagt. Sie ist auf Einkaufstour in Europa. Bei dem deutschen Mittelständler Fink in Mönchengladbach hat sich die chinesische Firma Wang Technologies (WT) für Montag 10:00 Uhr angesagt. Der Verkaufsleiter Schmitt hat einen Besprechungsraum für vier Leute vorgesehen. Sein zuständiger Geschäftsführer und er nehmen teil, von chinesischer Seite erwartet er auch zwei Teilnehmer.

Am Montag, kurz vor 10:00 Uhr, fährt ein Bus vor der Verwaltung der Firma vor. Es steigen 8 Leute aus. Herr Schmitt denkt „er sei im falschen Film" und geht davon aus, dass die Delegation sich teilen wird. Doch weit gefehlt: Alle acht Chinesen überfüllen den kleinen Besprechungsraum.

Es stellen sich folgende Mitglieder der Delegation vor:

Herr Wang	Bürgermeister
Herr Chen	Parteisekretär
Frau Jin	Leiterin der Investitionsbehörde
Herr Lu	Zollbüro der Stadt Wuhu
Frau Wong	Dolmetscherin
Herr Liu	Generaldirektor der WT
Herr Bai	Einkaufsleiter der WT
Frau Zhao	Leiterin der Economic and Technical Zone

Nachdem Herr Schmitt kurzerhand den Besprechungsraum gewechselt und die Delegation dorthin geführt hat, wies er Herrn Liu den Ehrenplatz zu. Daraufhin lehnte er ab und sprach den Parteisekretär Herrn Chen an, dass dieser als Delegationsleiter den Platz einnehmen sollte.

Beispiel für wichtige Entscheidungen, die beim Essen gefällt werden
Gemeinsame Mahlzeiten mit dem westlichen Verhandlungspartner haben einen sehr hohen Stellenwert in der chinesischen Verhandlungskultur. Während des Essens werden gezielt offene Fragen angesprochen. Unlängst wurde ein europäischer Unternehmer beim Servieren des siebten von insgesamt 13 Gängen nach den Tagessätzen für den Aufbau einer Verpackungsanlage gefragt. Der Unternehmer, der entspannt die kulinarischen Höhepunkte genoss, war auf eine solche Fragestellung nicht vorbereitet und antwortete 800 € pro Manntag. Dies war allerdings 500 € weniger als der offizielle Tagessatz, den sein Unternehmen sonst berechnet. Es war in den weiteren Verhandlungen nicht mehr möglich, diesen Fehler zu revidieren, da die chinesische Seite auf den Tagessatz in Höhe von 800 € bestand.

Sehr oft sehen sich ausländische Verhandler mit dem Wunsch der chinesischen Seite, Karaoke singen zu wollen, konfrontiert. Bei Karaoke geht es darum – vergleichbar mit dem Playback – sich ein Lied auszusuchen und dieses vor einer Leinwand mit Mikrophon zu singen. Die Chinesen singen sehr gerne und freuen sich, wenn die Ausländer auch eine Weise zum Besten geben. Aus chinesischer Sicht ist dies eine willkommene Freizeitbeschäftigung und drückt dabei den Wunsch aus, mit den ausländischen Repräsentanten auch Freizeit zu erleben.

14.8.2   Verhaltensmuster

Die teilweise andere Art sich mitzuteilen, kann in der nonverbalen und verbalen Kommunikation regelmäßig zu Missverständnissen führen. Die nachfolgenden Beispiele sollen bei der Erkennung dieser Verhaltensmuster helfen.

14.8.2.1   Gestik und Mimik
Die chinesische Körpersprache kann leicht zu Irritationen führen, wie die beiden nachfolgenden Beispiele zeigen:

Beispiel
1. Nicken
Bei der ersten Verhandlung mit den Banken deutet der ausländische Manager das Nicken des chinesischen Filialleiters als Zustimmung. Dies war ein Fehler, denn ein Chinese zeigt seinem Gegenüber mit dem Nicken nur, dass er die Aussage verstanden

hat. Ein direktes Nein ist selten. Wegen der fehlenden Finanzierungszusage verzögerte sich das Projekt erheblich.

2. Lächeln und Lachen

Eine Schweizer Delegation trifft sich in Nanjing zu einer zweiten Verhandlungsrunde mit einem dortigen Unternehmen. Um die Wirtschaftlichkeit des Projektes zu überprüfen, wurden als Vorbereitung für diese Runde gegenseitig Aufgaben zur Klärung verteilt. Als der Schweizer Controller seinen chinesischen Counterpart nach Absatzzahlen einer bestimmten Produktgruppe fragt, lächelt Herr Wang nur, ohne zu antworten. Da der Controller persönlich wegen der Zahlen unter Druck steht, stellt er die Frage ungeduldig erneut und echauffiert sich. Die Reaktion von Herrn Wang ist ein Gelächter. Eine nicht enden wollende Diskussion in Chinesisch unter den Verhandlungsteilnehmern des chinesischen Unternehmens setzt ein. Das Lächeln von Herrn Wang drückt aus, dass es ihm peinlich ist, die Zahlen nicht liefern zu können. Dieser Gesichtsverlust, der sich in lautem Lachen äußert, wird durch das eindringliche Fragen noch verstärkt.

Es ist ratsam, die Körpersprache der Chinesen nicht überzuinterpretieren, damit seitens der deutschen Verhandlungspartner nicht überreagiert wird.

14.8.2.2 Verbale Kommunikation

Folgende Beispiele sollen die chinaspezifischen Phänomene erläutern.

Die Kein-Problem-Haltung und das chinesische Harmoniebedürfnis:

Chinesen und Deutsche bauen Verhandlungen grundsätzlich unterschiedlich auf: In Deutschland kommt das Wichtigste, noch offene und strittige Punkte, zuerst. In China beginnt der Verhandlungsleiter mit dem Positiven, Angenehmsten und Abgeschlossenen. Die eigentlichen Verhandlungsthemen, Unklares, Strittiges und Widersprüchliches kommen ganz zum Schluss. Hier spielt das Harmoniebedürfnis aus Yin und Yang eine entscheidende Rolle.

Viele westliche Manager verstehen diese „leisen Töne" und untertriebenen Anspielungen am Ende der Verhandlung nicht und fragen sich, warum sie überhaupt zu der Verhandlung eingeladen wurden, wo es doch gar keine unklaren und zweifelhaften Punkte gibt.

Beispielsweise beginnen die Chinesen ein Board of Directors' Meeting nicht mit der vorgegebenen Agenda Punkt für Punkt, sondern starten absichtlich mit den klaren, beidseitig konsensfähigen Punkten.

Es ist für den westlichen Verhandlungspartner zu empfehlen:

- Mit Geduld den Chinesen den harmonischen und lange andauernden Gesprächseinstieg zu gewähren.
- Sollte der westliche Gesprächspartner vorpreschen, macht er sich selbst zu einem unangenehmen Gesprächspartner und bekommt beim nächsten Gespräch nur die unteren Hierarchieebenen.
- Der versierte Verhandlungsleiter liest zwischen den Zeilen und geht auf die Kernpunkte ein.

14.8.2.3 Ständiges Wiederholen

Der Inbegriff der chinesischen Kultur bezüglich der Wissensaufnahme und -vermittlung ist die Wiederholung der Inhalte. Das prägende Erlernen der chinesischen Schriftzeichen läuft immer nach dem gleichen Muster ab. Der Lehrer schreibt vor und die Schüler schreiben das Schriftzeichen zehnmal ab. Der Lehrer intoniert einen Satz, die Schüler sprechen diesen fünfmal nach.

Verhandlungen ziehen sich auch deshalb sehr in die Länge, weil die Chinesen wichtige Dinge sehr häufig wiederholen, auch wenn sie Englisch sprechen. Die Reaktion auf das ständige Wiederholen in Verhandlungen sollte sein:

- Der europäische Gesprächspartner sollte nicht ungeduldig werden.
- Der westliche Verhandlungsleiter stimmt in den Kanon souverän mit ein. Er wiederholt selbst, um zu zeigen, dass dies verstanden wurde, und dass dies nun eine sehr wichtige Aussage ist.
- Um den Gesprächspartner zu irritieren, kann es wirkungsvoll sein, die Aussage penetrant zu hinterfragen.

14.8.2.4 Abbrechen eines Verhandlungspunktes

Das chinesische „Nein" wird geäußert durch abruptes Abbrechen eines Punktes oder unbestimmte Antworten des Verhandlungsleiters wie z. B. „Ich werde darüber nachdenken". Vorschläge für mögliche Verhaltensweisen bei einem chinesischen „Nein" sind:

- Nicht auf Konfrontation gehen („Ich kann das nicht akzeptieren, ich stimme nicht zu etc."), sonst droht der Gesichtsverlust.
- Wiederholen des Punktes, der von Wichtigkeit ist; wie eine Gebetsmühle; er wird von allen Seiten beleuchtet.

14.8.2.5 Unvorhergesehener Themenwechsel

Meist sind die westlichen Verhandlungspartner völlig verwirrt, wenn der chinesische Verhandlungspartner mitten im Austausch von Argumenten das Thema wechselt, weil sie es gewohnt sind, ein Thema erst dann zu wechseln, wenn es völlig abgeschlossen wurde. Die Gründe für das Abbrechen eines Verhandlungspunktes liegen darin, dass Chinesen nicht direkt nein sagen wollen oder können. Ein plötzliches Ausweichen bedeutet nein. In diesem Fall kommt das Thema nicht wieder.

Folgende Verhandlungsempfehlungen sind zu beherzigen:

- Der westliche Verhandlungspartner sollte sich auf ein abruptes Wechseln des Verhandlungspunktes vorbereiten.
- Durch unaufhörliches Nachhaken sollte er den wahren Grund des Themenwechsels herausfinden.

14.8.2.6 Die chinesische Zählweise

Das chinesische Zahlensystem ist auch ein Dezimalsystem. Jedoch unterscheiden sich die Bezeichnungen für große Zahlen. Es gibt im Chinesischen ein eigenes Wort für Zehntausend, aber nicht für Million (Abb. 14.10).

Diese andere Zählweise führt beim Austausch von Zahlen regelmäßig zu Verwirrung, weil die chinesischen Gesprächspartner den Punkt an einer anderen Stelle setzen als wir. Beispielsweise wurden zu Beginn einer Verhandlung die Umsatzzahlen für verschiedene Produktgruppen ausgetauscht. Statt RMB 5 Mrd. wurde ein Verkaufsvolumen von 500 Mio. angegeben.

Deutsch		Chinesisch	
1.000	Tausend	1.000	*qian* 千
10.000	Zehntausend	1.0000	*wan* 万
100.000	Hunderttausend	10.0000	*shi wan* (Zehn x Zehntausend) 十万
1.000.000	Million	100.0000	*bai wan* (Hundert x Zehntausend) 百万
10.000.000	Zehn Millionen	1000.0000	*qian wan* (Tausend x Zehntausend) 千万
100.000.000	Hundert Millionen	1.0000.0000	*yi* (Hundertmillionen) 亿

Abb. 14.10 Das chinesische Zahlensystem

Der Meister Sun (um 500 v. Chr.) – Chinas Strategie-Altmeister

Zur Zeit der Streitenden Reiche (450–220 v. Chr.) erreichte das Reich der Mitte eine nie da gewesene Blüte seiner Philosophie. Der Meister der Kriegskunst Sun Tzu lebte in der gleichen Zeitperiode wie Konfuzius und der daoistische Altmeister Lao Tzu. Er entwickelte für seinen damaligen Herrscher ein Handbuch zu Strategie, Planung und Durchführung im militärischen Vorgehen. Zu seinen berühmtesten Nacheiferern gehörten Napoleon Bonaparte (1769–1821). Er besaß – so überliefert – die erste, westliche Übersetzung des Klassikers von einem französischen Jesuiten Namens Joseph Marie Amiot (1718–1793). Aus dieser einzigartigen französischen Übersetzung soll Napoleon Inspirationen zu seinen Überraschungs- und Blitzfeldzügen geschöpft haben. Aber auch Mao Zedong (1893–1976), der durch seine Guerilla-Taktik seinen Widersacher Jiang Kai-shek (1887–1975) nach Taiwan verbannte, lernte von dem Strategie-Philosophen.[1]

Gerade in jüngster Zeit erlebt dieses Handbuch eine Renaissance. Asienexperten leiten aus den Sätzen des Meisters Sun Marketing-, Investitions- und Verhandlungsstrategien ab. Ziel ist es, sich beispielsweise das Verhandlungsgebaren der Chinesen zu erklären, sich auf deren Strategie vorzubereiten und Gegenmaßnahmen zu entwickeln. Die nachfolgenden sechs Beispiele für Verhandlungstaktiken der Chinesen werden auf Zitate des Meisters Sun Tzu zurückgeführt. Es wird anschaulich dargestellt, wie sich heutige chinesische Verhandlungspartner positionieren, wie das taktische Vorgehen ist und wie Gegenstrategien durchgeführt werden.

---

[1]Amiot (1772).

© Springer Fachmedien Wiesbaden GmbH, ein Teil von Springer Nature 2018
K. Waldkirch, *Erfolgreiches Personalmanagement in China*,
https://doi.org/10.1007/978-3-658-23043-2_15

15.1 Verhandlungstaktik mit der übergeordneten Behörde

Aus diesem Grund spiegele Unfähigkeit vor, wenn du fähig bist. Passivität, wenn du kampfbereit bist. Wenn du nahe am Feind stehst, täusche ihm vor, du wärst weit weg. Wenn du vom Feind weit entfernt stehst, täusche ihm vor, du wärest ganz nah. (I. Planung)[2]

Praxisbeispiel: Verhandlungstaktik mit der übergeordneten Behörde

Ein amerikanisches Unternehmen will von einem chinesischen Staatsbetrieb Werkzeuge kaufen. Der Preis scheint zwischen beiden Verhandlungspartnern abgestimmt. Da meldet sich die übergeordnete Behörde, das Maschinenbaubüro, zu Wort. Das chinesische Staatsunternehmen lässt ausrichten, dass die übergeordnete Behörde – nach westlichem Verständnis der 100 %iger Anteilseigner – mit der Preisfindung nicht zufrieden sei und einen höheren Preis fordere. Der Staatsbetrieb spiegelt Unfähigkeit vor, agiert aber durchaus zielgerichtet. Nur bei Akzeptierung des höheren Preises kommt das Geschäft zustande.

Das richtige Vorgehen des amerikanischen Unternehmens wären die folgenden Schritte gewesen:

- Klärung der hierarchischen Einordnung des Staatsbetriebes im Vorfeld, das heißt, welche staatliche Behörde ist zuständig und weisungsbefugt.
- In den Verhandlungen mit dem staatlichen Vertragspartner sollte darauf hingewirkt werden, die zuständigen Ansprechpartner bei der übergeordneten Behörde kennen zulernen.
- Parallel zu verhandeln bedeutet, einerseits mit dem staatlichen Geschäftspartner, andererseits mit der übergeordneten Behörde auf Tuchfühlung bleiben, um Unterstützung zu erhalten sowie mögliche Interessenkonflikte im Vorfeld zu erkennen.

15.2 Unerwartete Programmänderung

Halte den Feind immer unter Druck und lasse ihm keine Ruhe. (I. Planung)[3]

Diejenigen, die den Feind in Bewegung halten, tun dies, indem sie eine Situation herbeiführen, auf die er reagieren muss. Sie locken den Feind mit etwas, was er haben möchte, dorthin, wo sie ihn dann mit ihrer ganzen Stärke schlagen können. (V. Die Kraft)[4]

Der kluge Heerführer ermüdet den Gegner, indem er ihn dauernd in Bewegung hält und lässt ihn umherlaufen, indem er ihm scheinbare Vorteile anbietet. (VIII. Die taktischen Varianten)[5]

---

[2]Leibnitz (1993, S. 14).

[3]Leibnitz (1993, S. 15).

[4]Leibnitz (1993, S. 42).

[5]Leibnitz (1993, S. 60).

Praxisbeispiel: Unerwartete Programmänderung

Bei Board-Sitzungen von Gemeinschaftsunternehmen wenden chinesische Vertragspartner sehr oft diese Strategie an. Während der Abstimmung der Agenda werden
die ausländischen Gesellschafter und deren dortiger Geschäftsführer mit Themen-
vorschlägen geradezu bombardiert. Zwei Wochen nach Erhalt der vorgeschlagenen
Agenda werden die Vorschläge der Gesellschafter von dem deutschen Geschäftsführer
eingesammelt. Kaum steht die Agenda fest, liegen weitere Themenwünsche der chinesischen Seite auf dem Tisch. Die chinesische Seite insistiert. Die deutsche Seite
dachte, nachdem die zusätzlichen Punkte nachgereicht wurden, sei das Spektakel seitens der chinesischen Gesellschafter nun zu Ende. Doch bei Beginn des Board-Mee-
tings kündigt der chinesische Aufsichtsratsdirektor seinerseits weitere Punkte an, die
noch auf die Tagesordnung genommen werden sollen. Es sind taktische Themen wie
Entlohnung des chinesischen stellvertretenden Geschäftsführers im Vergleich zu seinem ausländischen Vorgesetzten oder Höhe der an den deutschen Anteilseigner zu
zahlenden Lizenzgebühr. Auf diese Weise hält die chinesische Seite das Management
und das deutsche Stammhaus in Atem und das setzt sie unter Druck.

Die richtige Gegenstrategie wäre:

- Es wird stärker auf die chinesische Seite eingewirkt, um die Termintreue sicherzu-
  stellen.
- Der deutsche Gesellschafter bringt die Termintreue in der Board-Sitzung zur Sprache.
- Dem chinesischen Repräsentanten wird erläutert, dass beim nächsten Mal, wenn er
  sich nicht an die Abmachung hält, dies mit einem Gesichtsverlust gleichzusetzen sei.
- Die „harte Linie" könnte sein, die gewünschten Punkte der chinesischen Seite in
  der Sitzung nicht oder nur teilweise zu behandeln. Eine andere Lösung wäre, ein
  Umlaufverfahren vor der nächsten Sitzung zu bemühen.

15.3   Alles oder Nichts

*Erscheine plötzlich an Stellen, die der Feind verteidigen muss, marschiere schnell gegen
Orte, wo man dich nicht erwartet. (VI. Stärken und Schwächen)*[6]

Praxisbeispiel: Alles oder Nichts

Kurz vor der feierlichen Unterzeichnung des Lokalwährungskreditvertrages in Ren-
minbi (RMB) bittet der Filialleiter einer chinesischen Großbank den deutschen
Geschäftsführer zu sich. In dem Gespräch gibt er die Risiken zu bedenken und fordert
statt der verhandelten Gebühr von 5 % jetzt 8 %. Der chinesische Filialleiter macht
klar, dass dies eine Situation des „alles oder nichts" ist. Sollte dem nicht entsprochen

---

[6]Leibnitz (1993, S. 45).

werden, wird es keine Kreditvergabe seitens seiner Bank geben und die Unter-
zeichnungszeremonie müsste sofort abgesagt werden. Aufgrund der oligopolistischen
Angebotsstruktur ist eine Kreditvergabe in RMB noch weitestgehend auf die fünf
großen chinesischen Staatsbanken beschränkt. So ist es ein Risiko, die ausgehandelte
Finanzierung letztendlich abzusagen. Aus der Sicht des deutschen Unternehmens-
leiters vor Ort würde eine Verhandlung mit einer anderen Bank sehr viel Zeit kosten
und den Projektaufbau erheblich verzögern.

Die richtige Gegenstrategie wäre, stufenweise vorzugehen, um ein Einlenken zu erzielen.

- Zuerst muss der deutsche Geschäftsführer sich mit seinem Verhandlungspartner auf
  der Sachebene auseinandersetzen und klären, von wem die Order kam.
- Angebot an den Filialleiter, beim nächsten Kreditvertrag die Gebühr auf 8 % festzu-
  setzen.
- Verbindliche Zusage, dass die Unternehmensgruppe in Zukunft nur noch Kredite von
  seiner Bank nehmen wird.
- Um das Projekt nicht zu gefährden, bietet der Geschäftsführer eine Gebühr in Höhe
  von 6 % an, damit er nicht als Verlierer aus der Verhandlung geht und vor seinem Vorgesetzten das Gesicht verliert.
- Sollte der deutsche Geschäftsführer auf die 5 % bestehen, verliert er Zeit sowie Geld
  und riskiert eine Verzögerung der Projektlaufzeit.

15.4   Erkundungsstrategie auf Chinesisch

*Versuche daher, die Pläne des Gegners zu ergründen, und du wirst sehen, welche
Methode Erfolg haben wird und welche nicht.*[7]

Praxisbeispiel: Erkundungsstrategie auf Chinesisch

Der Chefeinkäufer Global Sourcing eines deutschen Chemieunternehmens hat mit
anderen Entscheidungsträgern seiner Firma einen Termin bei einem der größten Unternehmen dieser Sparte in China. Die deutschen Einkäufer wollen ein beträchtliches
Volumen an Basisrohstoffen für die Weiterverarbeitung in deren Unternehmensgruppe
von dem chinesischen Unternehmen kaufen. Von deutscher Seite ist geplant, auf gleicher Augenhöhe an diesem Tag Preise, Volumina und andere Konditionen endgültig zu
verhandeln. Nachdem die deutsche Delegation in den Konferenzraum gebracht wurde,
begrüßt sie der chinesische Verkaufsleiter der Sparte, die dritte Ebene im Unternehmen,
sein Mitarbeiter sowie eine Dolmetscherin. Im Laufe der Verhandlung stellte sich immer
klarer heraus, dass das chinesische Verhandlungsteam keine Entscheidungsbefugnis hat.

---

[7]Leibnitz (1993, S. 48).

Die richtige Gegenstrategie wäre:

- Damit der subalterne, chinesische Verhandlungspartner nicht sein Gesicht verliert, muss das deutsche Verhandlungsteam ihn gewähren lassen und ihm die gewünschten Informationen zur Verfügung stellen.
- Im Zuge des Informationsaustausches sollte der Druck, die chinesischen Entscheidungsträger zu treffen, größer werden.
- Der deutsche Delegationsleiter setzt bewusst seine zweite Ebene für die laufenden Verhandlungen ein und verlässt die Verhandlung mit der Begründung, er würde erst teilnehmen, wenn sein Pendant auch anwesend ist.

15.5 Demonstration der politischen Wichtigkeit

Mach, dass er sich bewegt, und studiere die Art seiner Bewegung. (VI. Stärken und Schwächen) Finde heraus, wie er sich aufgestellt hat, und lege danach das Schlachtfeld fest. Finde durch Erkundung heraus, wo der Feind stark und wo er schwach ist. (VI. Stärken und Schwächen)[8]

Praxisbeispiel: Demonstration der politischen Wichtigkeit
Völlig überraschend erscheint der chinesische Verhandlungsführer nicht zur Verhandlungsrunde. Bei der Vorstellung des chinesischen Verhandlungsteams wird der schwedischen Delegation eröffnet, dass der chinesische Verhandlungsleiter noch einen wichtigen Termin bei der Stadtregierung wahrnehmen muss und sich deswegen verspätet.

Die richtige Gegenstrategie wäre:

- Der schwedische Verhandlungsleiter muss Ruhe bewahren, aber er sollte sich nach dem Verbleib des chinesischen Verhandlungsleiters erkundigen.
- Sollte der chinesische Verhandlungsleiter weiter auf sich warten lassen, erwägt die schwedische Delegation ihrerseits, die Verhandlung zu vertagen, mit der Begründung, der Verhandlungsleiter wäre benachteiligt, da er sich nicht selbst an der Verhandlung beteiligen könnte.

[8]Leibnitz (1993, S. 48–49).

15.6   Austausch des Verhandlungsleiters

Greife den Feind da an, wo er unvorbereitet ist. Schlage zu, wo er es nicht erwartet. (I. Planung)[9]

Praxisbeispiel: Austausch des Verhandlungsleiters

Es wurde bereits drei Tage lang verhandelt und die Verhandlungsleiter erzielten über den Preis für die zu beziehenden elektronischen Komponenten ein Übereinkommen. Am nächsten Tag stellt sich ein neuer Verhandlungsleiter der chinesischen Seite vor. Der neue Verhandlungsleiter beginnt, alte Themen erneut zu diskutieren, die bereits in der Verhandlung geklärt waren. Frühere Vereinbarungen werden nicht mehr akzeptiert und die chinesische Seite unterbreitet neue Argumente und Vorschläge.

Folgende Gründe für den Führungswechsel während der Verhandlung können vorliegen:

- Eine übergeordnete Instanz ordnet diesen Wechsel an, um damit sicher zu stellen, dass das Verhandlungsziel von chinesischer Seite her durchgehalten wird.
- Das bisherige Ziel hat der nächsten Hierarchieebene – aus welchen Gründen auch immer – nicht gefallen.
- Ist aus chinesischer Sicht ein Richtungswechsel erforderlich, schicken die Chinesen gerne zum nächsten Termin einen neuen Verhandlungsleiter. Dieser neue Gesprächspartner hat nun die Aufgabe, ein neues Verhandlungsziel zu erreichen, das von dem bisherigen Verhandlungsergebnis, das die deutsche Delegation mit seinem Vorgänger bereits erarbeitet hat, abweicht.

Westliche Manager vertreten meist eine Firmenpolitik, argumentieren entsprechend und bieten nur Lösungen an, die im Rahmen dieser Politik bzw. Grundsätze, tragbar sind. Das ist in China ganz anders: Häufig gibt es keine Firmenpolitik und Lösungen richten sich nach dem Einzelfall. So sind Verhandlungtaktik und das von chinesischer Seite angepeilte Ergebnis vom Verhandlungsleiter persönlich geprägt. Die von ihm getroffenen Aussagen sind personengebunden und müssen nach der Verhandlung mit der nächsten Hierarchieebene abgestimmt werden. Wenn das westliche Unternehmen mit einem anderen neuen chinesischen Verhandlungsleiter weiterverhandelt (obwohl von der gleichen Firma und mit der gleichen Aufgabe), sind nach chinesischem Verständnis Lösungen hinfällig, die mit dem vorherigen Verhandlungspartner ohne beidseitig unterschriebene schriftliche Fixierung erarbeitet wurden. Diesbezügliche Aussagen sind eben personengebunden, nicht firmengebunden. Vor und während der Verhandlung kann hilfreich sein, den Kontakt mit der höheren Ebene des chinesischen Verhandlungsleiters aufgebaut zu haben, um sich bei Problemen mit dem Verhandlungsleiter etc. sich vertraulich an die höhere Ebene wenden zu können.

---

[9]Leibnitz (1993, S. 16).

Handlungsempfehlungen für eine solche Verhandlungsentwicklung können, stufenweise eingesetzt, sein:

- Den neuen chinesischen Verhandlungsleiter sollte man in diesem Fall gewähren lassen, sodass er seine Mission erfüllen kann. Der deutsche Verhandlungsleiter sollte
  ihm erläutern, wie es zu der Preisfindung kam und ruhig und gelassen die neuen For-
  derungen zur Kenntnis nehmen.
- Solange es nur um die Darstellung und nicht um die Infragestellung des Verhandlungsergebnisses geht, droht keine Gefahr.
- Bei dem ersten Anschein, dass das Ergebnis von der chinesischen Seite zurück-
  genommen wird, ist ein Vier-Augen-Gespräch zwischen den Verhandlungsleitern
  anzuberaumen.
- Der deutsche Verhandlungsleiter stellt klar, dass das Ergebnis schon seinem Vorgesetzten berichtet wurde und dass sein Vorgesetzter die gesamte Delegation sofort
  zurückzieht, wenn sich an diesem Ergebnis etwas ändert.
- Wenn das bereits erzielte Ergebnis für die deutsche Seite verbesserungswürdig ist,
  braucht die deutsche Seite nicht auf der bisherigen Lösung zu bestehen. Denn aus chinesischer Sicht steht fest, dass eine neue Lösung her muss, sonst verliert der neue Verhandlungspartner vor seinem Vorgesetzten das Gesicht.
- So kann die neue Lösung auch für die deutsche Seite besser ausfallen als die alte.
  Zumal die deutsche Seite ein Drohpotential, nämlich das Beharren auf der alten
  Lösung, ausschöpfen kann.

Versteift sich der chinesische Verhandlungsleiter auf einen – von seiner höheren Instanz
vorgegebenen – Preis, der niedriger ausfällt als der, über den mit dem vorhergehenden
Verhandlungsleiter Einigung erzielt wurde, kann dies für Anschlussaufträge oder ein zu
erweiterndes Auftragsvolumen auch Chancen für die westliche Seite beinhalten. Dabei
stellt sich dann das westliche Unternehmen trotz des ungünstigeren Preises insgesamt
mit der Mischkalkulation besser als vorher. Dies soll an einigen Praxisbeispielen erklärt
werden:

- Es kann eine nachträgliche Vergütung bei erzieltem Jahresumsatzvolumen verhandelt
  werden.
- Die Verbesserung des Zahlungsziels ist auch eine Möglichkeit der Nachbesserung.
- Bei Haushaltswaren wurde zuerst das Jahresvolumen von Kaffeemaschinen zu dem
  ungünstigeren Preis (nach Verhandlungsleitertausch) bezogen. Zeitgleich wurden
  auch noch Mixer bestellt, deren Marge das nicht lukrative Geschäft mit den Kaffeemaschinen mehr als kompensierte.
- In einem anderen Fall wurden die CE-Testkosten sowie die LFBG-Prüfungsgebühren
  von der chinesischen Seite ganz übernommen.
- Im Vergleich zum Fertigprodukt konnten die Ersatzteile die gesamte Marge des
  Geschäftes erheblich erhöhen.

Literatur

Amiot, Joseph Marie. 1772. *Art militaire des Chinois, ou, Recueil d'anciens traités sur la guerre: composés avant l'ere chrétienne, par différents généraux chinois*. Paris: Didot l'ainé.

Leibnitz, Klaus. 1993. *Sun Tsu – Über die Kriegskunst*. Karlsruhe: Info Verlagsgesellschaft.

Wie wirkungsvoll eine Gegenstrategie sein kann, richtet sich nach der Stärke der eigenen Verhandlungsposition (Verhandlungsmacht) und danach, wie sinnvoll sie im Kontext angewandt werden kann. Die Suche nach der geeigneten Strategie und ihre erfolgreiche Anwendung können zusammen zu einem erfolgreichen Geschäftsabschluss führen.

- **Hierarchie-Karte spielen**
  Hier macht sich der ausländische Verhandlungspartner die chinesische Strategie zu Eigen. Werden Verhandlungsendpunkte von der chinesischen Seite verworfen, entgegnet der ausländische Delegationsleiter, dass genau diese Ergebnisse bereits ins Stammhaus rapportiert seien und der Aufsichtsrat oder Gesellschafterausschuss diesem bereits zugestimmt hätte.
- **Gezielter Einsatz von Pause, Auszeit und Abbruch**
  Es ist festzustellen, dass westliche Verhandlungsführer recht selten so wirkungsvolle Instrumente wie Pausen und Auszeiten einsetzen oder gar Verhandlungen ganz oder teilweise abbrechen. Chinakenner auf diesem Gebiet überlassen die Kontrolle des Verhandlungsflusses nicht der chinesischen Seite, sondern brechen eine Verhandlung bewusst ab, um sie beispielsweise am nächsten Tag wieder aufzunehmen. Somit wird der chinesischen Seite klar gemacht, dass die deutsche Seite bestimmend einwirkt.
- **Als Betonung des eigenen Standpunktes eine Pause machen**
  Die Pause kann besonders effektiv eingesetzt werden, wenn der Verhandlungsleiter noch mal seinen Standpunkt klarstellt und der Gegenseite Bedenkzeit in einer Pause gewährt.
- **Auszeit beim toten Punkt**
  Eine Auszeit kann anberaumt werden, wenn die Verhandlung festgefahren und keine Lösung in Sicht ist. Beispielsweise sagt der Verhandlungsleiter: „Ich sehe, dass wir in diesem Punkt nicht weiterkommen. Ich schlage daher vor, dass Sie sich unsere

© Springer Fachmedien Wiesbaden GmbH, ein Teil von Springer Nature 2018   155
K. Waldkirch, *Erfolgreiches Personalmanagement in China,*
https://doi.org/10.1007/978-3-658-23043-2_16

Argumentation nochmals überlegen, und wir uns alle am nächsten Morgen um 9:00 Uhr wieder treffen."

- **Abbruch als letztes Mittel**

  Der Abbruch eines Verhandlungspunktes oder einer Verhandlung kann sicherlich in seiner Konsequenz das Ende einer Geschäftsbeziehung bedeuten. Hier stehen zwei Varianten zur Verfügung. Wenn die Verhandlung an einem toten Punkt angekommen ist, plädiert der westliche Verhandlungsleiter für die Behandlung eines anderen Tagungsordnungsthemas.

  Viel drastischer ist, die gesamte Verhandlung für beendet zu erklären. Dies kann, je nach richtiger Einschätzung der eigenen Verhandlungsmacht, das Aus für den zukünftigen Geschäftsabschluss bedeuten. Diese Strategie kommt dann zum Tragen, wenn die vorher definierten Killing factors (Minimalkriterien) nicht erreicht wurden. Das heißt: das westliche Unternehmen hat intern mehrere conditio sine qua non (Mindestbedingungen) im Vorfeld festgelegt, die für einen gemeinsamen Vertragsabschluss aus deren Sicht erfüllt werden müssen. Bei einem Joint Venture könnte dies sein, dass eine Mehrheit an Geschäftsanteilen (mindestens 60 %) durch Verhandlungen erzielt werden sollte. Auch eine für chinesische Verhältnisse zu hoch bemessene Lizenzgebühr, die ein Engagement auch aus Finanzsicht rechtfertigt, kann den Ausschlag geben, eine Verhandlung frühzeitig ohne Ergebnis zu beenden.

- **Einsetzen einer penetranten Fragetechnik**

  Es kann taktisch von Vorteil sein, sich etwas unbedarft und dumm zu stellen. Zum Beispiel ist folgende Fragestellung Erfolg versprechend: „Mir ist nicht klar, was Sie meinten. Könnten Sie dies noch mal erläutern?" Mit dem eindringlichen insistieren auf der Erklärung ist es möglich, etwaige Schwachstellen in der Argumentation der chinesischen Seite zu identifizieren. Dann kann man sich diese zu Nutzen machen und die Gegenseite muss notgedrungen Zugeständnisse machen.

- **Wiederholte Aussagen werden von ausländischer Seite hinterfragt**

  Chinesen haben die Eigenart, die für sie wichtigen Aussagen gebetsmühlenartig zu wiederholen. Der westliche Verhandlungsleiter hört sich dies erstmal ruhig an, um dann beispielsweise auf die Zahlungsbedingungen so zu reagieren: „Es scheint, dass die Zahlungsbedingungen für Sie eine große Bedeutung haben. Können Sie mir netterweise erläutern, wieso dies so ist?"

Neben den bereits erläuterten Verhandlungstaktiken, die mit Sun-Tzu-Zitaten veranschaulicht wurden, haben sich in der Praxis weitere Verhandlungsstrategien herauskristallisiert. Eine Auswahl der Strategien, welche von chinesischer Seite sehr häufig angewandt wurden und werden, sollen nachfolgend im Einzelnen dargestellt werden. Dabei sollen auch Gegenstrategien an jeder Verhandlungssituation situativ aufgezeigt werden.

16.1 Bestimmende Gastfreundlichkeit

Diese Strategie geht bereits auf die Han-Zeit zurück. Damals wollte der Beamte Jia Yi (200–168 v. Chr.) die anstürmenden Massen von Turk-stämmen mit chinesischer Koch-kunst betören, um sie so am Eindringen in das chinesische Kernland zu hindern. Heute werden an vielen Standorten Chinas, insbesondere an denen, die geschichtsträchtig sind, ausländische Gesprächspartner ganz und gar vereinnahmt. Es werden bewusst oder unbewusst seitens der chinesischen Gastgeber folgende Ziele verfolgt:

- Auf den touristischen Ausflügen werden informell Informationen über die Ziele der deutschen Delegation sowie der Konkurrenten erfragt.
- Die wird Verhandlung atmosphärisch positiv vorbereitet und es wird versucht, mit den ausländischen Gesprächspartnern eine gemeinsame Wellenlänge zu finden, um dann Zugeständnisse leichter zu erzielen.
- Dadurch, dass zuallererst das Besuchsprogramm durchgeführt wird, wachsen Ungeduld der ausländischen Verhandlungsdelegation und das schlechte Gewissen, dass diese Zeit ungenutzt verstrichen ist.
- Je länger der Aufenthalt mit der touristischen Attraktion dauert, umso weniger Zeit bleibt für die Sachthemen; für die deutsche Seite erhöht sich der Zugzwang ange-sichts der Zeitenge zusehends.

Beispiel Verhandlungssituation

Eine Delegation eines mittelständischen Textilunternehmens fliegt nach Peking, um mögliche Kooperationspartner zu besuchen. Sie wird von der gastgebenden chinesischen Delegation abgeholt, die ihnen wiederum ihr Hotelzimmer gebucht hat. Seit der Ankunft weichen der chinesische Geschäftspartner und die Kollegen nicht von der Seite der deutschen Delegation. Das Programm während des Aufenthaltes ist vom chinesischen Unternehmen vollständig geplant. Das Besuchsprogramm beinhaltet Besichtigungen der Sehenswürdigkeiten (Große Mauer, Verbotene Stadt, Ming-Gräber). Essenseinladungen mit anderen Geschäftspartnern können nicht wahrgenommen werden, weil die Delega-tion bereits verplant wurde und dem Gastgeber nicht absagen will.

Handlungsempfehlung

- Buchungen und Reiseplanung sollten unabhängig von dem gastgebenden Unter-nehmen erfolgen.
- Das Besuchsprogramm sollte nicht in Gänze abgelehnt werden. Es ist andererseits auch eine Möglichkeit, eine persönliche Beziehung zwischen den Verhandlungsleitern aufzubauen. Dies wirkt oft als Katalysator für die anstehende Verhandlung.
- Es empfiehlt sich, die Planung der Verhandlung vorher abzustimmen und die chinesische Seite – wenn möglich – nicht allein walten und entscheiden zu lassen.

16.2   „Nachkarten"

Die Verhandlung scheint abgeschlossen. Die westlichen Verhandlungspartner freuen sich entspannt über das Ergebnis des beidseitigen Ringens. Gleichzeitig heckt die chinesische Seite einen Plan aus, das Verhandlungsergebnis zu ihren Gunsten zu verbessern, um ganz zum Schluss noch einen Nachschlag auf die bereits abgesegnete Übereinkunft herauszuholen. Die chinesische Seite kommt mit einer neuen Forderung in letzter Minute. Sie offeriert diese Forderung mit der Prämisse „Alles oder nichts" und stelle das gesamte Geschäft vollends in Frage und riskiert letzten Endes das Scheitern des gesamten Verhandlungsergebnisses. Gründe für dieses „Nachkarten" liegen in der chinesischen Verhandlungsmentalität. Chinesen verhandeln gerne und ausdauernd. An der Tagesordnung ist: Die chinesischen Geschäftspartner wollen immer einen Preisauf oder -abschlag. So ist das „Nachkarten" eine normale und gängige Verhandlungtaktik der Chinesen.

Beispiel Verhandlungssituation

Ein deutsches Unternehmen bietet eine Chemie-Anlage zu einem äußerst günstigen Preis, nämlich für 1,2 Mio. US-$, einem chinesischen Kunden an. Die chinesische Seite akzeptiert das Angebot nicht, sondern besteht auf einem Nachlass von 15 %. Nun ist das Angebot so scharf kalkuliert, dass das deutsche Unternehmen aus Kostendeckungsgründen keinen Nachlass mehr geben kann. Das Geschäft kommt nicht zustande. Die Chinesen fragten bei der Konkurrenz an.

Handlungsempfehlung

- Es ist ratsam, im Vorfeld das Angebot so zu gestalten, dass immer ein Verhandlungsspielraum vorhanden ist, um der chinesischen Seite die Möglichkeit geben zu können, den Preis herunterzuhandeln.
- Die Qualität eines chinesischen Verhandlungsführers bemisst sich aus chinesischer Sicht daran, wie stark er den Preis herunterhandeln kann. Das deutsche Unternehmen hatte dem chinesischen Verhandlungsleiter keinen Spielraum eröffnet, den Preis zu senken; so konnte er seine Qualität nicht unter Beweis stellen.
- Richtig wäre es gewesen, das Gebot als Einstieg in die Preisverhandlung mindestens 20 % höher zu veranschlagen.

16.3   Abstimmung nach oben

Während der Verhandlungen stimmen sich chinesische Verhandlungsführer immer ab. Sollte dieser Abstimmungsprozess nicht erfolgreich sein, kann die Verhandlung ins Stocken kommen. Verschiedene Faktoren können für diesen sehr hohen Abstimmungsbedarf verantwortlich sein:

- Die chinesische Seite selbst ist oft nicht autorisiert, Entscheidungen zu treffen, sie muss sich in der Regel mit einer hierarchisch übergeordneten Stelle abstimmen und erhält Instruktionen von dieser. Dies können Investitionsbehörden, die Bezirksadministration oder die kommunistische Partei, beispielsweise der zuständige Parteisekretär, sein.
- Die Sachverhalte werden von der übergeordneten Stelle oft wegen deren Kompliziertheit nicht verstanden.
- Die chinesischen Verhandlungspartner sind überfordert und stehen unter enormen Druck, da sie die Ziele der übergeordneten Instanz erreichen müssen.
- Oft werden die benötigte Abstimmung nach oben und die negative Rückkopplung auch gezielt eingesetzt, um die Gegenseite zu irritieren und ihr Zugeständnissen abzuringen.
- Westliche Einkäufer berichten oft, dass sich ihre Verhandlungen mit den chinesischen Verkäufern schwieriger gestalteten als erwartet. Bei Problemen greift der Verkäufer immer auf den Fabrikleiter zurück und „schraubt" so den Preis nach oben.

Beispiel Verhandlungssituation

Ein europäisches Unternehmen verhandelt mit einem chinesischen Fassadenbauer über sein Angebot. Als die Verhandlung in die entscheidende Runde geht und die Einigung über den Preis ansteht, fordert das europäische Unternehmen einen Preisnachlass in Höhe von 10 %. Die Verhandlung gerät ins Stocken und wird vom Fassadenbauer unterbrochen.

Handlungsempfehlung

- Das europäische Unternehmen hätte prüfen sollen, ob eine Ankündigung vor der Verhandlung bezüglich eines Preisnachlasses durch einen informellen Kanal zweckmäßig erscheint, um so dem Verhandlungspartner zusätzliche Vorbereitungsmöglichkeiten zu geben.
- Je klarer der erwünschte Preisnachlass begründet werden kann, desto einfacher wird die Erklärung des Verhandlungspartners gegenüber seinem Vorgesetzten ausfallen.
- Für die Verhandlungsvorbereitung ist es wichtig, im Vorfeld herauszubekommen, an wen der chinesische Verhandlungspartner berichten muss.
- Der europäische Verhandlungsleiter argumentiert, dass seine Geschäftsführung oder sein Aufsichtsrat nicht mit diesem Preis leben und von daher unmöglich akzeptieren könnte.
- Je stärker es um technische Einzelheiten und komplexe Zusammenhänge geht, umso höher ist der notwendige Zeitbedarf der chinesischen Seite, um die hierarchisch höhere Ebene zu konsultieren.

16.4　Der Überraschungsgast

In China ist es oft die graue Eminenz als Entscheidungsträger „hinter dem Bambusvorhang" das Zünglein an der Waage, die für das Gelingen eines ausländisch-chinesischen Geschäftsabschlusses entscheidend ist. Dies kann der Repräsentant der Investitionsbehörde auf Provinz- oder Zentralebene sein, aber auch ein lokaler Bürgermeister oder häufig auch die Provinzregierung, die aus der fernen Provinzhauptstadt eigens für dieses Projekt anreist. All diesen Verhandlungen ist gemeinsam, dass von beiden Seiten erzielte Ergebnisse durch diese administrative Intervention verworfen werden können.

Verhandlungssituation

Herr Huber, Prokurist, ist sehr optimistisch, die Verhandlungen laufen gut. Es wurde über alles geredet, in vielen Punkten war man einer Meinung. Plötzlich klopft es und ein Chinese betritt den Raum. Alle Chinesen stehen auf und begrüßen ihn. Aus der Höflichkeit ist zu ersehn, dass es sich um eine bedeutende Persönlichkeit in der Stadt handeln muss. Herr Wang wird Herrn Huber als Leiter der Investitionsbehörde vorgestellt. Herr Wang unterbricht den Verhandlungsverlauf und richtet das Wort an Herrn Huber:

„Die Stadt begrüßt die Verhandlungen mit Ihrer Firma. Wie mir berichtet wurde, laufen die Gespräche auch zufrieden stellend. Unsere Stadt gehört zu den aufstrebenden Wachstumszonen im Land. Wir sind dafür bekannt, die besten Arbeitskräfte zu haben. Von der Arbeitseffizienz sind wir Spitzenreiter in China. Die Genehmigungsbehörde geht davon aus, dass die gesamte Belegschaft, bestehend aus 350 Leuten, von dem Joint Venture Fink übernommen wird."

Herr Huber schluckt; es verschlägt ihm die Sprache. Es war doch verhandelt, dass erst einmal nur 200 Leute übernommen werden. Nach der offiziellen Verlautbarung der zuständigen Investitionsbehörde wird die Verhandlung für eine halbe Stunde unterbrochen.

Handlungsempfehlung

Herr Huber muss seine Hausaufgaben machen:

- Er muss wirtschaftlich nachweisen, dass sich das Projekt bei einer Überbesetzung von 150 Leuten nicht mehr rechnet.
- Nach den gewünschten Ergebnissen macht Herr Huber über den Verhandlungsleiter einen Termin mit Herrn Wang aus und erklärt diesem die Zusammenhänge.
- Eine Gesichtswahrung für Herrn Wang und für Herrn Huber könnte darin bestehen, dass statt der geforderten 350 Arbeitnehmer eine Belegschaft von 275 übernommen wird. Dies hätte den Vorteil, dass beiden Seiten bei diesem Kompromiss gewonnen hätten, keiner hätte das Gesicht verloren.

- Sollte Herr Huber aber entschlossen sein, nicht nachzugeben, stellt er Herrn Wang vor vollendete Tatsachen. Dann wird die Investition nicht genehmigt und Herr Huber muss an einem anderen Ort sein Projekt realisieren.

16.5   Hinhaltetaktik bis zum „Geht-nicht-mehr"

Den Zeit- und Erfolgsdruck, unter dem westliche Verhandlungsdelegationen stehen, nutzt die chinesische Seite schamlos aus. Je klarer während der Verhandlung herauskommt, dass die Gegenseite auf diesen Geschäftsabschluss angewiesen ist, umso mehr versucht die chinesische Seite, die gesamte Verhandlung in die Länge zu ziehen. Das Ziel ist eindeutig: Der Verhandlungskontrahent soll auf diese Weise zu Zugeständnissen gebracht werden, zu denen er sich bei einem normalen Verhandlungsverlauf kaum freiwillig bereit erklärt hätte.

Verhandlungssituation

In Shanghai verhandeln der deutsche Mittelständler Fink und der chinesische Lieferant über das Beziehen von Graugussteilen. Montags sollen die Verhandlungen um 10:00 Uhr beginnen und am Mittwoch zu Ende sein, da die Geschäftsführung von Fink eine Gesellschaftersitzung am darauf folgenden Tag anberaumt hat, an der die Einkaufsdelegation (Fink) unbedingt teilnehmen muss. Dementsprechend sind der Verhandlungsverlauf und der Zeitdruck bereits aufgrund der Rahmendaten vorprogrammiert.

Der Verhandlungsverlauf ist schleppend. Die chinesische Seite kapriziert sich auf technische Haarspaltereien. Die Zeit vergeht wie im Flug. Die deutsche Seite wartet auf den Beginn der Preisverhandlungen, aber es geschieht nichts. Am Abflugtag – es waren noch drei Stunden Zeit bis zum Taxitransfer – beginnt die chinesische Seite mit den Preisverhandlungen. Die deutsche Verhandlungsdelegation kommt unter Druck und akzeptiert den höheren Preis, weil sie Angst hat, das Geschäft zu verlieren.

Handlungsempfehlung

- Es ist es empfehlenswert, spätestens nach Ablauf der ersten Hälfte der Verhandlungsrunde auf die entscheidende Preisverhandlung hinzuwirken, gemäß Verhandlungsmacht ggf. auch den Abbruch der Verhandlung zu riskieren.
- Die deutsche Seite sollte sich weder selbst noch von der chinesischen Seite unter Zeitdruck und Erfolgszwang setzen lassen.
- Den Abflugtermin statt auf den Mittwoch auf den Donnerstagabend legen, sozusagen einen Puffer einbauen.

16.6   Austausch der Verhandlungsteilnehmer

Diese Verhandlungsstrategie wird oft von chinesischer Seite bei Verhandlungen angewandt, die den Technologie-Transfer und die Übertragung von westlichem Know-how umfassen. Gerade bei komplexen Verhandlungsthemen oder technisch-sensitiven Produktionsverfahren, die beispielsweise bereits von der deutschen Seite weltweit patentiert wurden, wechseln die zuständigen Sachverständigen auf chinesischer Seite. Es hat sich gezeigt, dass der Austausch von chinesischen Technikern ein probates Mittel ist, möglichst viel Know-how aus den Verhandlungen mitzunehmen. Durch wiederholtes Abfragen behandelter Themenkomplexe durch wechselnde Techniker wird das Maximum an Information und Wissen aus der deutschen Verhandlungsrunde herausgeholt.

Verhandlungssituation

Zwei Delegationen verhandeln über einen Lizenzvertrag zur kommerziellen Weitergabe einer Schlüsseltechnologie im Fahrzeugbau in Südchina. Dieser langwierige Verhandlungsprozess ist durch den ständigen Wechsel der Ingenieure im Verhandlungsteam auf chinesischer Seite gekennzeichnet. Wird ein neuer Fachexperte von der chinesischen Seite aus in den Verhandlungsmarathon geschickt, beginnen erneute Fragen den Fortgang der Verhandlungsrunde zu lähmen. Teilweise werden die gleichen Fragen, aber aus einem anderen Blickwinkel gestellt. Später stellt sich heraus, dass es sich um Techniker eines chinesischen Herstellers aus Nordchina handelt, die nichts mit dem Projekt oder dem verhandelnden Unternehmen zu tun haben.

Handlungsempfehlung

- Vor der eigentlichen Verhandlung ist ein Geheimhaltungsvertrag zu schließen. Neben den üblichen Vertragspunkten wie Parteien-Nennung, Definition, Strafzahlungen und Dauer des Vertrages (Fristen) sollte auch die Festsetzung des Verhandlungsteams mit Nennung der Verhandlungsteilnehmer auf beiden Seiten vertraglich verankert werden, so dass dies dem chinesischen Partner eine gewisse Disziplin abverlangt.
- Die Geheimhaltungsvereinbarung (Non Disclosure Agreement, NDA) sollte bei sensiblen Verhandlungspunkten von allen Verhandlungsteilnehmern unterschrieben werden, nicht nur von den Verhandlungsleitern.
- Die chinesischen Teilnehmer müssen sich zur Geheimhaltung gegenüber ihrem Arbeitgeber verpflichten.

Die „Interim Regulations on Utilizing Foreign Investment in Restructuring State Owned Enterprises" (kurz: sind „die neuen Bestimmungen"), die am 1. Januar 2003 wirksam wurden, sollen die Umstrukturierung von Staatsunternehmen durch Auslandsinvestitionen erleichtern. Diese Bestimmungen, die sich auf Mergers and Acquistions (M&A) beziehen, lassen allerdings das für Auslandsinvestitionen wichtige Genehmigungs-prozedere offen. Auch bleibt unklar, welche konkret involviert werden müssen. Dagegen werden Arbeitnehmervertretern mehr Mitspracherechte eingeräumt und die entstehende Marktposition hinsichtlich einer möglichen Monopolstellung stärker überprüft.

Die Bestimmungen erlauben dem Investor keine ganzheitliche Vorgehensweise bei Privatisierungen. Vielmehr wird der Akquisitionsprozess eher komplizierter und lang-wieriger. Bei der Gründung von Gemeinschaftsunternehmen wurden oder werden in der Regel Teile des Staatsvermögens in das neu zu gründende mit Auslandskapital finan-zierte Unternehmen eingebracht. Von den zurzeit an die eine Millionen operativen Aus-landsunternehmen sind schätzungsweise mehr als ein Fünftel aus Chinas Staatsvermögen entstanden.

17.1   Die Rolle der Betriebsgewerkschaft

Die neuen Bestimmungen in Verbindung mit anderen relevanten Gesetzen sollen negative Auswirkungen, die in der Vergangenheit häufig auftraten, verhindern. So ist es bei der Pri-vatisierung von Staatsunternehmen häufig zur Freisetzung von Arbeitskräften gekommen. In der Regel waren diese Entlassungen nur teilweise sozial abgefedert, was gerade bei Werksschließungen zu sozialer Unruhe führte. Oft wurde die zahlenmäßige Reduk-tion der zu übernehmenden Arbeitnehmer dem chinesischen Partner „versilbert". Nicht geregelt war, inwieweit die Betroffenen von solchen Abschlagszahlungen profitierten.

© Springer Fachmedien Wiesbaden GmbH, ein Teil von Springer Nature 2018   163
K. Waldkirch, *Erfolgreiches Personalmanagement in China*,
https://doi.org/10.1007/978-3-658-23043-2_17

Um Mauscheleien im Keim zu ersticken und einen Sozialplan im allgemeinen Konsens zwischen Investoren und Behörden zu erzielen, werden in den neuen Regularien bestimmte Zustimmungspflichten festgelegt. Sollte ein Investor im Zuge der Umstrukturierung die Mehrheit zeichnen oder wesentliche Teile des Unternehmensvermögens erwerben, muss der Auslandsinvestor einen Plan zur angemessenen Behandlung der Arbeitnehmer vorlegen. Diesem Plan muss die Arbeitnehmerversammlung des Staatsbetriebes zustimmen. In dieser Hinsicht wird der Betriebsgewerkschaft als Interessenvertretung der Belegschaft eine größere Rolle als in der Vergangenheit zukommen.

Da ein Investor nur an einer Übernahme eines Staatsbetriebes interessiert sein kann, wenn er die Mehrheit erwerben darf – wobei wesentliche Vermögensteile (Marktanteile etc.) mit übernommen werden –, findet dieses Arbeitnehmerrecht in der ganzen Breite der Investitionspalette seine Anwendung. Somit hat beispielsweise die Betriebsgewerkschaft ein Veto bei Privatisierungen, wenn in deren Augen die „soziale Gerechtigkeit" zu kurz kommt. Diese Regelung öffnet Tür und Tor, dass Abfindungen und Sozialplankosten im Falle von Entlassungen dem ausländischen Investor aufgebürdet werden.

17.2 Monopolkommission

Neben den Arbeitnehmerrechten wird die Akquisition auch hinsichtlich der entstehenden Marktposition geprüft. Die Zielsetzung des chinesischen Gesetzgebers ist eindeutig: Die Bildung von Monopolstellungen soll verhindert werden. Die behördliche Genehmigung von Umstrukturierungen, die zu einer Monopolstellung führen könnten, soll erst nach öffentlicher Anhörung erteilt werden. Da die neuen Bestimmungen keine klare wettbewerbs- oder kartellrechtliche Definition enthalten, liegt auch hier ein großer Ermessensspielraum der Behörden vor.

Empfehlungen und Vorgehensweise Eine Akquisition wird nur dann erfolgreich sein, wenn die angemessene Wahrung der Arbeitnehmerrechte und das Nicht-Eintreten einer Monopolstellung in den Augen der Behörden vom ausländischen Investor zufrieden stellend behandelt werden. Zur Vorbereitung dessen ist Überzeugungsarbeit zu leisten. Die Darstellung der Post-Akquisitionsphase muss auch mögliche Wachstums- und Beschäftigungseffekte beinhalten. Der behördliche Ermessensspielraum beim Begriff der Monopolstellung sollte durch eine auf diesen Themenkreis fokussierte Präsentation genutzt werden. Die State Economic and Trade Commission (SETC) sollte in der Frühphase eingeschaltet werden. Das A und O bei der Übernahme von Staatsvermögen ist, möglichst allen zuständigen Behörden das strategische Konzept der Übernahme sowie dessen Zielsetzungen nahe zu bringen.

Eine Absichtserklärung ist sinnvoll Aus der Praxis ist bei der Unternehmensakquisition eines Staatsbetriebes zu empfehlen, dass der Investor prüft, ob seine Investition in der Branche des Akquisitionsobjektes erlaubt ist und ob er Anteile auch mehrheitlich erwerben darf. Außerdem sollte eine Absichtserklärung mit dem Staats-unternehmen unterzeichnet werden. Eine Exklusivität sollte im NDA (Non Disclosure Agreement) für einen bestimmten Zeitraum vereinbart werden. Der Auslandsinvestor sollte einen Umstrukturierungsplan vorlegen. Es ist davon auszugehen, dass auch eine Durchführbarkeitsstudie angefertigt werden muss. Des Weiteren sollten aussagefähige Unterlagen zu Management, Finanzressourcen, Bonität etc. des übernehmenden Unter-nehmens vorliegen und ein Bewertungsverfahren durchgeführt werden.

Ebenfalls erforderlich ist die Zustimmung der Gesellschafter und der Arbeitnehmerver-sammlung des umzustrukturierenden Unternehmens sowie die Genehmigung des Antrages auf Umstrukturierung durch die Investitionsbehörde. Schließlich müssen auch die mit dem Auslandsinvestor abzuschließenden Übertragungsverträge genehmigt werden.

17.3   State-Owned Assets Administration Bureau

Der Unternehmenseinstieg vollzieht sich streng nach den Investitionsregularien. Zuerst wird zwischen den Parteien eine Absichtserklärung unterschrieben, der dann Aktivitäten wie Projektvorschlag und Durchführbarkeitsstudie folgen. Am Ende dieser Schritte, die gemäß des Joint-Venture-Gesetzes durch die relevanten Stellen nacheinander genehmigt werden müssen, steht die Unterzeichnung des Gesellschaftervertrages und die Gründung des gemeinsamen Unternehmens.

Neben diesen Genehmigungsphasen tritt bei Veräußerung oder Einbringung von Staatsvermögen das State-Owned Assets Administration Bureau (SAB) als wichtigste Genehmigungsbehörde auf. Die Hauptverwaltung der SAB hat ihren Sitz in Beijing und ist direkt dem Finanzminister der VR China unterstellt. Als Aufsichtsbehörde über das Staatsvermögen besitzt die Zentrale der SAB in allen 31 Provinzen (einschließlich regie-rungsunmittelbaren Städten, autonomen Gebieten etc.) Zweigstellen. Diese Zweigstellen haben auf Provinzebene in der Regel die Entscheidungskompetenz über eine Trans-aktion, die in ihrer Region durchgeführt werden soll. In Sonderfällen oder bei Großpro-jekten, deren Investitionshöhe über die Provinz-Kompetenz hinausgeht, entscheidet die Zentrale der SAB in Beijing. Ihr übergeordnetes Ziel ist, das Staatsvermögen zu erhalten und langfristig zu vermehren. Zu ihren Aufgaben zählen:

- Vergabe von Bewertungsgutachten (die SAB gibt an einen chinesischen, durch das SAB zertifizierten Wirtschaftsprüfer den Auftrag, ein Bewertungsgutachten über das betreffende Staatsvermögen anzufertigen)
- Genehmigung der Einbringung von Staatsvermögen
- Genehmigung der Höhe des Einbringungswertes der Maschinen, Anlagen etc.
- Genehmigung der Veräußerung von Geschäftsanteilen, die sich in Staatsbesitz befinden (Genehmigungszuständigkeit im Übrigen bei MOFCOM).

Die Bedeutung der SAB soll an folgendem Fallbeispiel erläutert werden:

Beispiel

Ein international erfahrenes Unternehmen hat den idealen Übernahmekandidaten gefunden und mit ihm eine Absichtserklärung unterschrieben. Daraufhin hat der westliche Investor einen internationale Wirtschaftsprüfer beauftragt, eine Unternehmensbewertung anzufertigen. Die zukünftigen Gesellschafter einigen sich nach einem Verhandlungsmarathon auf die Bewertung etc. und reichen den unterschriebenen Joint-Venture-Vertrag bei der Genehmigungsbehörde ein. Das Joint Venture wird nicht genehmigt, weil die zuständige SAB nicht in den Genehmigungsprozess eingeschaltet und somit ist das Bewertungsgutachten unbrauchbar war.

Folgerung für den Investor:

Die SAB sollte bei Transaktionen, bei denen Staatseigentum betroffen ist, so früh wie möglich eingeschaltet werden. Da der Dreh- und Angelpunkt die Wahl des Wirtschaftsprüfers und das Bewertungsgutachten ist, macht es Sinn, dies bereits in der Absichtserklärung festzuschreiben. Dabei sollte die vorzunehmende Bewertung der von chinesischer Seite einzubringenden Vermögenswerte durch einen internationalen, in China lizenzierten Wirtschaftsprüfer durchgeführt werden. Dieses Verfahren ist im Konsens mit SAB festzulegen.

17.4   Bilanzielle Abbildung der Transaktion

Bei dem Übernahmekandidaten handelt es sich um die Schokoladenfabrik Tang Chocolate (TC), die in Nanjing ansässig ist. Die Gesamtinvestitionen betragen gemäß Bilanzsumme rund 18 Mio. US-$. Das Anlagevermögen ist durch die Stammeinlage des staatlichen Gesellschafters Nanjing Foodstuff Co. Ltd. in Höhe von rund 9,6 Mio. US-$ gedeckt. Das Umlaufvermögen wird durch ein Darlehen in Lokalwährung (7,1 Mio. RMB) und durch ein langfristiges Hartwährungsdarlehen (1,3 Mio. US-$) finanziert (Abb. 17.1).

Von der Bilanzseite steht das Unternehmen TC solide da. Die Eigenmittel decken die Sachanlagen vollends ab. Die Umsatzrendite und der Marktanteil haben das Interesse von MNC Chocolate International, einem global agierendem Nahrungsmittelkonzern, geweckt. TC besitzt in seinem Segment in den Provinzen Jiangsu und Zhejiang einen Marktanteil in

Aktivseite	Wert	Passivseite	Wert
A. Anlagevermögen		A. Eigenkapital	
I. Sachanlagen		I. Gezeichnetes Kapital	
1. Grundstücke und Gebäude	3.931	1. Nanjing Foodstuff	9.562
		B. Verbindlichkeiten	
2. technische Anlagen und Maschinen	5.475	1. USD-Darlehen	1.320
B. Umlaufvermögen	8.541	2. RMB-Darlehen	7.065
Summe	17.947	Summe	17.947

Abb. 17.1   Bilanz vor dem Erwerb (in Mio. USD) per 31.12.2017

Höhe von 25 % und ist damit der größte überregionale Anbieter von Schokoladenkeksen. Rund 20 % vom Umsatz erwirtschaftet TC als Gewinn vor Steuern. Zum Bilanzstichtag (31.12.2017) wird TC bewertet. Die Parteien einigen sich auf den Firmenwert in Höhe von rund 13 Mio. US-$ (Abb. 17.2).

Der sich ergebende Unterschiedsbetrag in Höhe von rund 3,2 Mio. US-$ zum Netto-buchwert wird insgesamt als Goodwill ausgewiesen. Gleichzeitig erhöht sich absolut das Eigenkapital um die gleiche Aufwertung. Danach übersteigt der ausgehandelte Kaufpreis das gezeichnete Stammkapital um 30 %. Der gleiche Betrag wird als Firmenwert den immateriellen Vermögensgegenständen angerechnet (Abb. 17.3).

Durch die Aufwertung des Eigenkapitals um 3,2 Mio. US-$ erhöhen sich die Eigen-mittel auf rund 13 Mio. US-$, die TC vor der Übernahme zu 100 %igen Anteilen hält. Chocolate International erklärt sich bereit 60 % der Anteile an TC für 7,6 Mio. US-$ zu kaufen. Dann schaltet sich die SAB ein und stellt den ausländischen Investor vor voll-endete Tatsachen. Die Transaktion wird nicht genehmigt (Abb. 17.4).

Die SAB bewertet TC statt mit 30 % über nominaler Stammeinlage, jetzt mit knapp 53 %. So bleibt Chocolate International nichts übrig, als in den sehr sauren Apfel zu beißen und 8,8 Mio. US-$ für 60 % der Anteile an TC zu bezahlen.

Aktivseite	Wert (Mio. USD)	Passivseite	Wert
A. Anlagevermögen		A. Eigenkapital	
I. Immaterielle		I. Gezeichnetes Kapital	12.749
Vermögensgegenstände	3.187	1. Nanjing Foodstuff	9.562
II. Sachanlagen		2. Aufwertung	3.187
1. Grundstücke u.	3.931	B. Verbindlichkeiten	
Gebäude		1. USD-Darlehen	1.320
2. technische Anlagen	5.475	2. RMB-Darlehen	7.065
und Maschinen	8.541		
Umlaufvermögen			
Summe	21.134	Summe	21.134

Abb. 17.2   Die Bilanz nach Kaufpreisverhandlung (in Mio. USD)

Aktivseite	Wert	Passivseite	Wert
A. Anlagevermögen		A. Eigenkapital	
I. Immaterielle		I. Gezeichnetes Kapital	12.749,00
Vermögensgegenstände	3.187	1. Nanjing Foodstuff (40%)	5.099,60
II. Sachanlagen		2. Chocolate International	
1. Grundstücke u. Gebäude	3.931	(60%)	7.649,40
2. technische Anlagen und		B. Verbindlichkeiten	
Maschinen	5.475	1. USD-Darlehen	1.320,00
B. Umlaufvermögen	8.541	2. RMB-Darlehen	7.065,00
Summe	21.134	Summe	21.134,00

Abb. 17.3   Eröffnungsbilanz mit Neu-Gesellschafter vor Genehmigung der Behörde (in Mio. USD)

Aktivseite	Wert	Passivseite	Wert
A. Anlagevermögen		A. Eigenkapital	14.603
I. Immaterielle		I. Gezeichnetes Kapital	
Vermögensgegenstände	5.041	1. Nanjing Foodstuff	
II. Sachanlagen		(40 %)	5.841,2
1. Grundstücke und		2. Chocolate International	
Gebäude	3.931	(60 %)	8.761,8
2. technische Anlagen und		B. Verbindlichkeiten	
Maschinen	5.475	1. USD-Darlehen	1.320
B. Umlaufvermögen	8.541	2. RMB-Darlehen	7.065
Summe	22.988	Summe	22.988

Abb 17.4   Eröffnungsbilanz nach Behördengenehmigung (in Mio. USD)

17.5   Chinesisches Taktieren im Behördendschungel

Die westliche Vorgehensweise ist durch konstruktives Abarbeiten der einzelnen Schritte auf dem Weg zum Closing, dem erfolgreichen Geschäftsabschluss, gekennzeichnet. Stark sachorientiert und durch die vorgegebene Konzernstruktur sehr bürokratisch ist das Verhandlungsteam primär auf das Plazet des Stammhauses und die Einhaltung des Zeitplans ausgerichtet. So sichert sich das Verhandlungsteam von Chocolate International nach jedem erzielten Meilenstein bei seinem Entscheidungsgremium ab. Der Fokus liegt mehr auf den eigenen Interna als darauf, der politischen Dimension der Transaktion gerecht werden zu können (Abb. 17.5).

Nanjing Foodstuff, der staatliche Gesellschafter von Tang Chocolate (TC), befindet sich in dauernder Kommunikation mit den mächtigen Entscheidungsträgern. Für die ausländische Seite befinden sich diese Markteinflussfaktoren wie „hinter einem Bambusvorhang", sozusagen unnahbar und nicht greifbar. Diese Schwäche nutzt die chinesische Seite aus, um ihre politische Zielen durchzusetzen, die nicht unbedingt im Sinne des Geschäfts des Unternehmens TC sein müssen. Aufgrund der Komplexität der Übernahme – es wird auch eine langfristige Partnerschaft angestrebt – wird in mehreren Teams verhandelt.

- **Joint-Venture-Vertrag**
  Hier werden die Eckdaten der Partnerschaft wie Anteilseignerstruktur, Board of Directors, Abstimmungsmodalitäten für bestimmte entscheidungsrelevante Beschlussfassungen und die Satzung des Unternehmens festgelegt.
- **Technologietransfer**
  Themen dieses Verhandlungsteams sind Know-how-Transfer, Produktlizenzen für den Transfer von Schokoladenriegeln von Chocolate International und die dazugehörige Lizenzgebühr für den Im- und Export.
- **Personal und Organisation**
  Das Organigramm des neu gegründeten Unternehmens muss gemeinsam erarbeitet und es muss vereinbart werden, welche Positionen durch welchen Gesellschafter

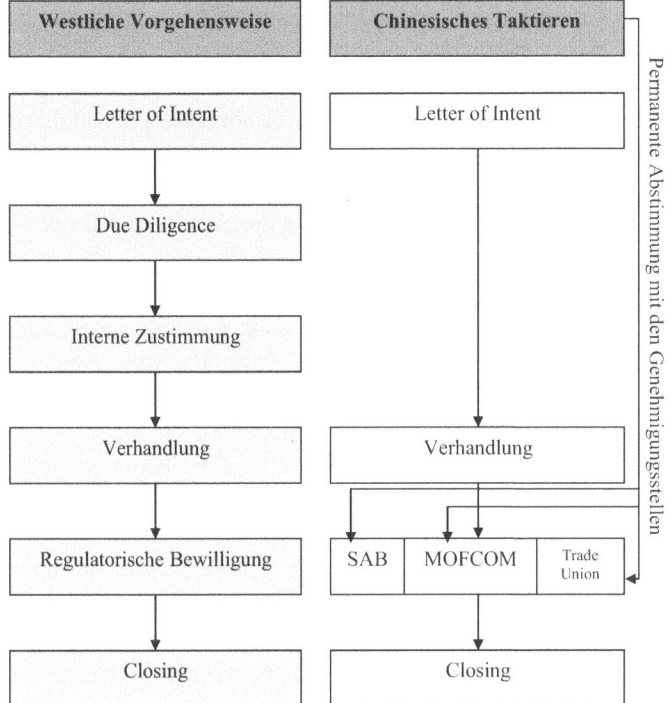

Abb. 17.5 Unterschiedliches Vorgehen der Verhandlungsparteien

besetzt werden. Eine weitere brisante Frage ist, ob die Belegschaft des Unternehmens TC vollständig oder teilweise übernommen werden soll.

- **Sales und Marketing**
  Die zukünftige Marketingstrategie sowie deren überregionale Expansion nach Norden und Süden Chinas stehen im Mittelpunkt. Die Optimierung des Marketing-Mix unter besonderer Berücksichtigung der Einführung einer Premium-Marke aus dem Sortiment von Chocolate International wird diskutiert.
- **Einkauf und Rechnungswesen**
  Die bestehenden Einkaufsquellen von TC werden analysiert und Synergien mit denen von Chocolate International identifiziert. Reporting und Controlling mit westlichen Standards sowie deren Implementierung sind die Hauptthemen dieser Verhandlungsrunde.

An zwei Beispielen soll die vielschichtige Transaktion verhandlungstechnisch dargestellt werden:

1. Verhandlungsteam Personal und Organisation Dieses Verhandlungsteam fokussiert sich auf die bestehende und die zukünftige Belegschaftsstärke in der neu zu gründenden Gesellschaft. Die chinesische Seite bleibt starr bei ihrer Forderung, dass die gesamte Belegschaft, bestehend aus 600 Mitarbeitern, übernommen werden soll.

Der ausländische Partner vertritt nachhaltig die Ansicht, dass durch Erhöhung der Produktivität und eine zusätzliche Schicht eine Belegschaft in Höhe von 480 Leuten ausreichend sei, also eine 20 %ige Reduktion der bestehenden Mannschaft der TC durchgeführt werden solle. So wird dieses Patt an die Hauptverhandlungsrunde Joint Venture rapportiert. Während Chocolate International dies nach langwierigen internen Verhandlungen an sein Head Office weitergibt, konsultiert die chinesische Seite bereits die Betriebsgewerkschaft von TC. Bei einem gemeinsamen Essen wird das Vorgehen der chinesischen Seite geplant. Um der Forderung der 100 %igen Übernahme aller Arbeitskräfte Nachdruck zu verleihen, werden zu dem Abendessen auch Repräsentanten der Investitionsgenehmigungsbehörde MOFCOM geladen. Die Strategie ist klar, gemeinsam soll gegen den ausländischen Akquisiteur Front gemacht werden. Noch bevor die ausländische Seite von ihrer Zentrale überhaupt eine Rückkopplung oder eine Anweisung erhält, bittet die chinesische Seite um ein Gespräch in dieser Sache. Die Betriebsgewerkschaft lässt keinen Zweifel daran, dass sie zu der Übernahme nicht zustimmen wird. Daraufhin muss die ausländische Seite klein beigeben (Abb. 17.6).

2. Verhandlungsteam Technologietransfer Die Verhandlungsrunde, die den Technologie- und Produktionstransfer zum Gegenstand hat, ist an einem toten Punkt angelangt. Die Vertragsparteien haben sich verrannt. Nanjing Foodstuff will die von Chocolate International geforderte Lizenzgebühr von 6 % auf den erwirtschafteten Jahresumsatz

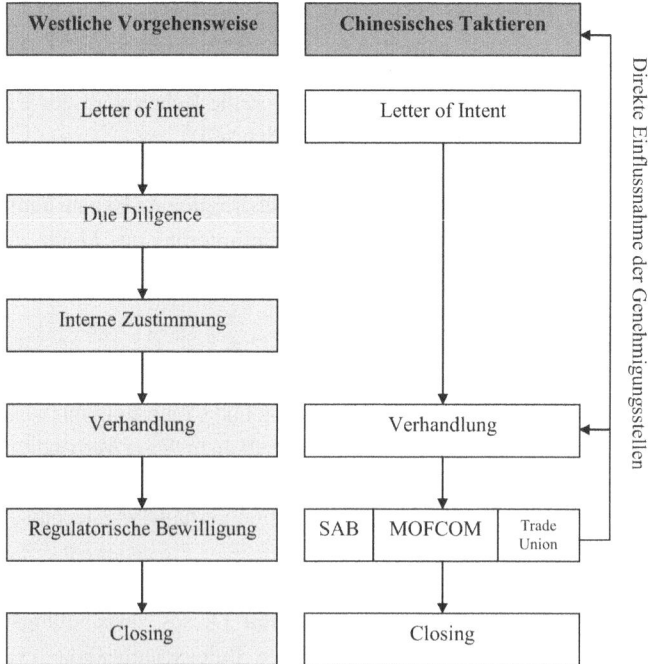

Abb. 17.6 Einflussnahme der Gewerkschaft auf die Verhandlung

nicht akzeptieren, sondern nur 4 %. MOFCOM legt Veto ein. Also bietet Chocolate International eine gestaffelte Lizenzgebühr in Höhe von 4 % (1. Jahr), 5 % (2. Jahr) und 6 % (3. Jahr) an. Damit besteht für alle Parteien eine Gesichtswahrung, die Win-Win-Situation. Die ausländische Seite hat eine durchschnittliche Lizenzgebühr in Höhe von 5 % realisiert. Nanjing Foodstuff sichert sich für das erste Betriebsjahr eine niedrigere Lizenzgebühr, wie sie auch zu Beginn der Verhandlung gefordert wurde. Erst nach der Zustimmung durch MOFCOM folgt Nanjing Foodstuff dem Kompromissvorschlag des ausländischen Investors. Durch das Einwirken der Genehmigungsbehörde kann endgültig eine Einigung erzielt werden.

Die Parteien hatten sich über den Firmenkurswert bereits durch einen akkreditierten Wirtschaftsprüfer geeinigt. Gemeinsam festgelegt wurde ein Wert von 133 %. Chocolate International muss für den Erwerb von 60 % der Geschäftsanteile rund 7,6 Mio. US-$ aufbringen. Es war alles unter Dach und Fach, bis das Beijinger State-owend Assets Administration Bureau (SAB), vorstellig wird. Es legt dar, dass das Unternehmen TC unterbewertet wurde und diktiert einen Firmenkurswert in Höhe von 153 %. Dies bedeutet für Chocolate International, rund 1,1 Mio. US-$ mehr aufwenden zu müssen. Würde der ausländische Investor dem nicht zustimmen, wäre die ganze Transaktion hinfällig und der mehrmonatige Verhandlungsmarathon umsonst gewesen (Abb. 17.7).

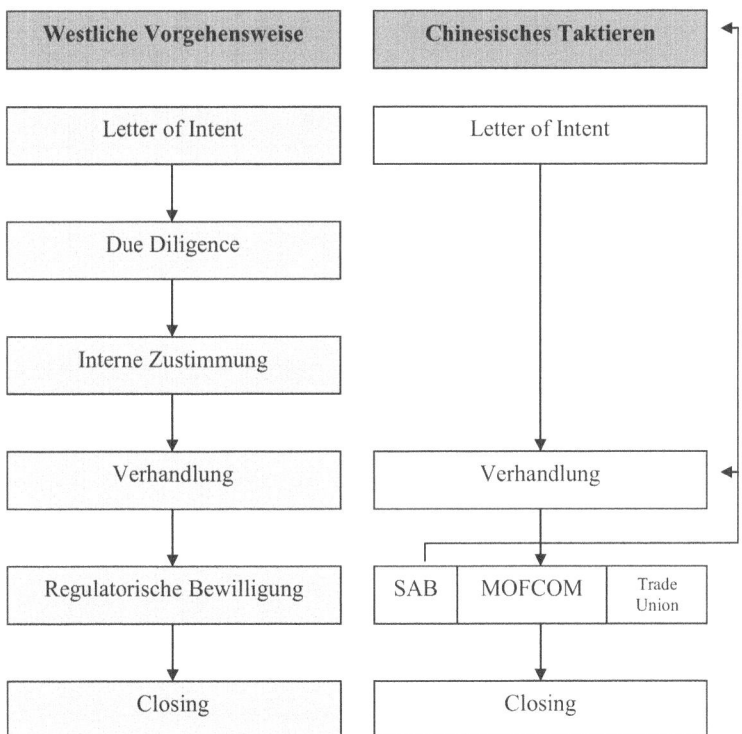

Abb. 17.7 SAB-Einflussnahme auf die Verhandlung

17.6   Gelungenes Behörden-Engineering

Dieses M&A-Beispiel zeigt deutlich, wie schwer sich das ausländische Verhandlungs-team tut. Einerseits damit, die Behördenstruktur zu verstehen: Welche Genehmigungs-stellen sind involviert und wer ist für diese Transaktion der richtige Ansprechpartner, das gilt es zu eruieren. Andererseits muss für einen erfolgreichen Geschäftsabschluss zu die-sen Behörden etc. Kontakt aufgebaut und dieser während der gesamten Verhandlungs-zeit gehalten werden. Zu Beginn der Verhandlung sollte bei SAB, MOFCOM und den relevanten Gewerkschaftsvertretern ein Höflichkeitsbesuch gemacht werden (siehe Abb. 17.8).

Während der Verhandlung mit dem chinesischen Partner sind diese Stellen über den Fortgang der Entwicklung aus der Sicht des ausländischen Investors auf dem Laufen-den zu halten. Dies hat unter anderem den Vorteil, dass der chinesische Verhandlungs-partner diese Genehmigungsbehörden nicht einseitig mit Informationen „versorgt". Bei geschicktem Verhandeln gelangen Informationen durch die ausländische Seite frü-her an die Genehmigungsbehörden, als es der chinesischen Seite recht ist. So kann der „schwarze Peter" bei einem Verhandlungspatt durch diese zielgerichteten Informationen nicht sofort dem westlichen Investor angehängt werden, sondern verbleibt im chinesi-schen Lager. Aufgrund der Komplexität ist eine M&A-Transaktion gut vorzubereiten und ohne externe Berater sowie Juristen nicht machbar.

Abb. 17.8 Gelungenes
Behörden-Engineering

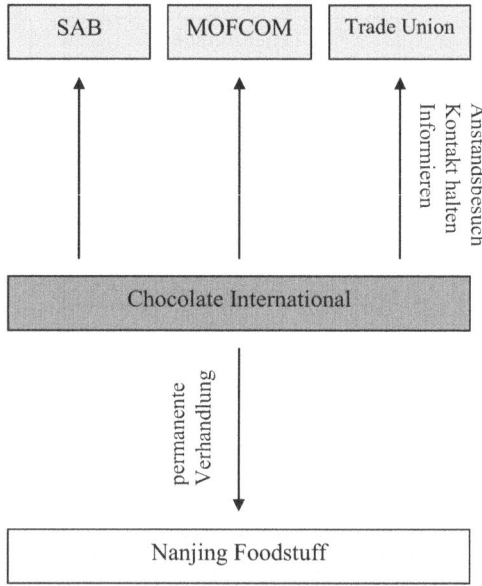

Weiterführende Literatur

Anslinger, Tobias. 2013. Herausforderung Personal-Suche bei der China-Expansion.

Backman, Michael. 2004.*The Asian insider – Unconventional wisdom for Asian business.* New York: Palgrave Macmillan.

Backman, M., und C. Butler. 2004. *25 strategies for business success.* New York: Palgrave Macmillan.

Backman, M., und C. Butler. 2007. *30 strategies for business success.* New York: Palgrave Macmillan.

Badelt, Georgia. 2008. Der Schlüssel zu qualifiziertem Personal.*Sourcing Asia* 1/2:2008.

Batsch, Bernhard. 2010. Chinesische Lebenslauflügen. *Frankfurter Rundschau.*

Bennett, M., und A. Bell. 2004. *Leadership talent in Asia – How the best employers deliver extraordinary performance.* Singapur: Wiley (Asia).

Bergemann, N., und A. Sourisseaux. 2003. *Interkulturelles Management.* Heidelberg: Springer Verlag.

Blair, M., et al. 2003. *The 360 degree brand in Asia – Creating more effective marketing communications.* Singapur: Wiley (Asia).

Böhn, D., et al. 2003. *Deutsche Unternehmen in China – Märkte, Partner, Strategien.* Wiesbaden: Deutscher Universitätsverlag.

Boulton, C., und P. Turner. 2005. *Mastering business in Asia – Entrepreneurship.* Singapur: Wiley (Asia).

Brinkmann, Thorsten. 2004. *Deutsche Unternehmen erfolgreich in China – Strategien und Chancen für den Mittelstand.* Düsseldorf: VDM (Verlag Dr. Müller).

Bucknall, H., und R. Ohtaki. 2005. *Mastering business in Asia – Human resource management.* Singapur: Wiley (Asia).

Busch, M. W., und S. Sellmann. 2007. Expatriates der deutschen Automobilwirtschaft in China – Zwischen Faszination und Irritation.*Personalführung*11/2007, DGFP.

Capon, N., und W. R. Vanhonacker. 1999.*The Asian marketing casebook.* Singapur: Prentice Hall.

Chien, Willie, et al. 2005.*Business growth strategies for Asia Pacific.* Singapur: Wiley (Asia).

China Economic Review. 2007. *China MBA guide 2007.* Hongkong: China Economic Review Publishing.

DeKrey, Steven J., et al. 2007. *Leadership experiences in Asia – Insight and inspiration from 20 innovators.* Singapur: Wiley (Asia).

De Meyer, A., et al. 2005. *Global future – The next challenge for Asian business.* Singapur: Wiley (Asia).

Direct investment position of the United States in China from 2000 to 2016 (in billion U.S. dollars, on a historical-cost basis). 2018. Statista.

Fargel, Yasmin Mei-Yee. 2011. *Stratefisches Talentmanagement in China – Die besten Mitarbeiter finden und binden.* Leitfaden für erfolgreiche Personalführung. Wiesbaden: Springer Gabler.

© Springer Fachmedien Wiesbaden GmbH, ein Teil von Springer Nature 2018
K. Waldkirch, *Erfolgreiches Personalmanagement in China,*
https://doi.org/10.1007/978-3-658-23043-2

Fernandez, J. A., und S. Liu. 2007. *China CEO – A case study guide for business leaders in China.* Singapur: Wiley (Asia).

Fernandez, J. A., und L. Underwood. 2006. *China CEO – Voices of experience from 20 international business leaders.* Singapur: Wiley (Asia).

Foster, Dean. 2000. *The global etiquette guide to Asia – Everything you need to know for business and travel success.* USA: Wiley Inc.

Giles, Lionel. 1978. *Sun Tzu on the art of war – The oldest military treatise in the world.* Taibei: Dunhuang shuju.

Granier, Brigitte. 2007. Personalführung als Abenteuer. *Personalwirtschaft*10/2007.

Groenewald, Horst. 2007. *Effektive Bindung lokaler Führungskräfte in China – Retention-Mangement westlicher Unternehmen.* Siegen.

Groenewald, H., und A. Neubeiser. 2003. *Die Entsendung von Mitarbeitern ins Ausland – Zentrale Aussagen von Entscheidungsrichtlinien zwanzig führender deutscher Unternehmen.* Siegen.

Hanisch, Detlef A. 2003. *Managementtraining in China.* Frankfurt a. M.: Peter Lang, Europäischer Verlag der Wissenschaften.

Harvard Businessmanager. 2005. *China – Das Land verstehen – Verhandlungen führen – Konkurrenten abwehren.* Frankfurt a. M.: Redline Wirtschaft.

Hay Group. 2013. Sind Ihre Talente bereit zum Abflug? *Hay Group.* Zugegriffen: 21. Nov. 2014.

Hay Group. 2014a. *1 in 4 Indian employees set to switch jobs as growth picks.* Global management consultancy. Zugegriffen: 21. Nov. 2014.

Hay Group. 2014b. *Fluktuation weltweit 2013 und 2018. Jeder siebte Deutsche wechselt in diesem Jahr seinen Arbeitsplatz.* Frankfurt a. M.: Hay Group. Zugegriffen: 21. Nov. 2014.

Hewitt, Aon. 2011. Voluntary attrition. How staff turnover in China and Hong Kong spells innovation. *Asianet.* Zugegriffen: 14. Nov. 2014.

Hewitt, Aon. 2015. Turnover Rate.

Hewitt, Aon. 2017. Freiwillige Fluktuationsrate im asiatisch-pazifischen Raum nach ausgewählten Ländern.

Hewitt, Aeon. 2013. Economic outlook, employee turnover, salary increases, and salary bands. *Radford.* Zugegriffen: 14. Nov. 2014.

Huifeng, He. 2017. German trade body warns firms may pull out of China over Communist Party pressure. CNBC.

Kaufmann, L., et al. 2005. *China Champions – Wie deutsche Unternehmen den Standort China für ihre globale Strategie nutzen.* Wiesbaden: Gabler Verlag.

Khera, Shiv. 2004. *You can win – Winners don't do different things. They do things differently.* New Delhi: Macmillan India.

Li, Ellen. 2013. Asia Pacific compensation trends in the technology industry. HR Connect. *Asia Pacific.* Zugegriffen: 14. Nov. 2014.

Marketwired. 2016. With Voluntary Employee Turnover on the Rise, Technology Sector Companies in Singapore and Asia-Pacific Boost 2017 Salary Budgets. Yahoo.

Markt und Mittelstand. 2013. Herausforderung Personal-Suche bei der China-Expansion.

National Bureau of Statistics China. 2014. Foreign investments (FIE) in China 1979–2012. Zugegriffen: 17. Nov. 2014.

Reden, Kerstin. 2002. *Personalpolitik ausländischer Investoren in China.* München: Rainer Hampp Verlag.

Reisach, Ulrike, et al. 2003. *China – Wirtschaftspartner zwischen Wunsch und Wirklichkeit: Ein Seminar für Praktiker.* Frankfurt a. M.: Wirtschaftsverlag Carl Ueberreuter.

Roll, Martin. 2006. *Asian brand strategy – How Asia builds strong brands.* New York: Palgrave Macmillan.

Senger, Harro von. 1999. *Lebens- und Überlebenslisten aus drei Jahrtausenden Strategeme.* 2. Aufl. 2000. Band II: Strategeme 19–36. München: Scherz Verlag.

Senger, Harro von. 2004. *36 Strategeme für Manager.* München: Carl Hanser Verlag.

Statical Yearbooks: Beschäftigungszahl in Auslandsunternehmen in der VR China.

Statista. 2014. Personalfluktuation in Unternehmen in China in den Jahren 2008 bis 2011. *Statista.* Zugegriffen: 14. Nov. 2014.

Statista. 2018. Anzahl der ausländischen Studierenden an Hochschulen in Deutschland.

Statical Yearbooks: Beschäftigungszahl in Auslandsunternehmen in der VR China.

Stucken, Berd-Uwe., und Senff, Philipp. (Hrsg.). 2015. *Compliance Management in China – Praxisbuch für Manager.* Bd. 458. München: Haufe-Lexware.

Temporal, Paul. 2001. *Branding in Asia – The creation, development and management of Asian brands for the global market.* Singapur: Wiley (Asia).

Temporal, Paul. 2006. *Asia's star brands.* Singapur: Wiley (Asia).

Tian, Xiaowen. 2007. *Managing international business in China.* New York: Cambridge University Press.

Waldkirch, Karl. 1997. *Die Interkulturelle Kernkompetenz als Wettbewerbsvorteil im China-Geschäft.* Frankfurt a. M.: Länderanalyse der FAZ VR China/Hongkong.

Waldkirch, Karl. 1998. *Erfolgsfaktoren im Chinageschäft.* Materialien 24 der DEG (Hrsg.). Köln.

Waldkirch, Karl. 1999. Der Board of Directors im Gemeinschaftsunternehmen. In *Wirtschaftshandbuch China (2)*, Hrsg. Manager Magazin, FAZ et al. Frankfurt a. M.

Waldkirch, Karl. 2002a. Erfolgsfaktoren bei einem Auslandseinsatz in der VR China. In *Wirtschaftshandbuch China (3)*, Hrsg. Manager Magazin, FAZ et al. Frankfurt a. M.

Waldkirch, Karl. 11. Dezember 2002b. Fachkompetenz reicht beim Auslandseinsatz nicht aus – Weiche Faktoren spielen eine große Rolle. *Nachrichten für Außenhandel, Dow Jones und Handelsblatt.*

Waldkirch, Karl. 2002c. Neue Rahmenbedingungen für Auslandseinsätze. *China Contact, Das Wirtschaftsmagazin für Ihren Geschäftserfolg in China*, Berlin.

Waldkirch, Karl. 2002d. Lohn- und Gehaltsfindung in Joint-ventures am Beispiel der verarbeitenden Industrie in Shanghai. *Länderanalyse der FAZ VR China/Hongkong.*

Waldkirch, Karl. 17. Mai 2003a. Was sollte man bei einer Entsendung nach China beachten? *FAZ.*

Waldkirch, Karl. September 2003b. Der Kampf ums Personal. *China Contact, Das Wirtschaftsmagazin für Ihren Geschäftserfolg in China*, Berlin.

Waldkirch, Karl. November 2003c. Bewerber-Beurteilung und passender Führungsstil als Erfolgsschlüssel im Personalmanagement. Umfrage 2003. *Länderanalyse VR China/Hongkong.*

Waldkirch, Karl. 3. März 2004a. Hohe Fluktuation des Managements: Häufiger Stellenwechsel bereitet Investoren Kopfzerbrechen. *Nachrichten für den Außenhandel, Dow Jones und Handelsblatt.*

Waldkirch, Karl. August 2004b. Job hopping and its reasons. *GC.comm.*

Waldkirch, Karl. Mai 2005a. China: Verhandeln mit chinesischer Kriegslist. *FAZ Länderanalyse VR China.*

Waldkirch, Karl. Juni 2005b. Die Qual mit der Personalwahl – Management-Ressourcen sind Standortkriterium. *China Contact, Das Wirtschaftsmagazin für Ihren Geschäftserfolg in China.*

Waldkirch, Karl. 30. November 2005c. China: Verhandlungseinstieg und -strategie beim Einkauf wichtig – Aufwärmphase eindeutig länger in Deutschland, Verhandlungspartner sind geübte Strategen. *Dow Jones (NFA)* 232.

Waldkirch, Karl. 29. August 2006. Richtige Vorbereitung macht Auslandseinsatz erst erfolgreich. *Dow Jones (NFA)* 166.

Waldkirch, Karl.1. Februar 2007a. Die Gretchenfrage mit der Personalauswahl. *Personalmanger.*

Waldkirch, Karl. 2007b. Spoilt for choice – Selecting management personnel. *Businessforum China* 6.

Waldkirch, Karl. 2011. Personalbesetzung in China. In *PraxisPapier. Nr. 5,* Hrsg. Deutsche Gesellschaft für Personalführung. Düsseldorf.

Waldkirch, Karl. 2015. Akribische Personalarbeit muss gelernt werden. Worauf es bei HR-Governance in China ankommt. *China Contact, Das Wirtschaftsmagazin für Ihren Geschäftserfolg in China,* Berlin.

Warner, Malcolm. 2003. *Culture and management in Asia.* London: RoutlegdeCourzon.

Werner, Andreas. 2005. *Personalmarketing – Strategien zur Suche und Auswahl von Vertriebsmitarbeitern.* Sternenfels: Verlag Wissenschaft & Praxis.

Wrest, Samuel. 2017. Trade Union Law and Collective Bargaining in China. *China Business Review.*

Zhang, Peter, und Tzeitel Fernandes. 2013. China and Hong Kong compensation trends and outlook. *HR Connect – Asia Pacific.* Zugegriffen: 18. Nov. 2014.

Zhang, L., und B. Zhang. 2007. Labor force, human resources, and job changes in China – Employee fluctuation as a challenge for HR Management. *Personalführung.* Düsseldorf.

Häufig verwendete Quellen

China Daily (Newspaper).
Focus (Weekly Newsmagazine).
http://resources.alibaba.com.
McKinsey Research.
Statista.com.
Statistical Yearbook of China, verschiedene Jahrgänge.
Stichwortverzeichnis.
wikipedia.de.
Xingdao Ribao (Daily Newspaper).

Stichwortverzeichnis

© Springer Fachmedien Wiesbaden GmbH, ein Teil von Springer Nature 2018   177
K. Waldkirch, *Erfolgreiches Personalmanagement in China*,
https://doi.org/10.1007/978-3-658-23043-2

The manufacturer's authorised representative in the EU is Springer
Nature Customer Service Centre GmbH, Europaplatz 3, 69115 Heidelberg,
Germany. If you have any concerns regarding our products, please
contact ProductSafety@springernature.com

Printed and bound by CPI Group (UK) Ltd, Croydon, CR0 4YY
27/04/2026
02097619-0007